NORTON MELLO

NORTON MELLO
DAS LIVES AO ESTRONDO

São Paulo, 2021

Norton Mello: das lives ao estrondo
copyright © 2021 by Norton Mello
copyright © 2021 by Novo Século Editora Ltda.

EDITOR: Luiz Vasconcelos
COORDENAÇÃO EDITORIAL E PROJ. GRÁFICO: Nair Ferraz
COORDENAÇÃO DE MARKETING: Karina Claro Cayres
ORGANIZAÇÃO DO CONTEÚDO: Lucas Baranyi • Pedro Katchborian
REVISÃO: Daniela Georgeto
CAPA: Luis Antonio Contin Junior
IMAGENS: Arquivo pessoal do autor

---

texto de acordo com as normas do Novo Acordo Ortográfico da Língua Portuguesa (1990), em vigor desde 1º de janeiro de 2009.

Dados Internacionais de Catalogação na Publicação (CIP)
Angélica Ilacqua CRB-8/7057

Mello, Norton
   Norton Mello: das lives ao estrondo / Norton Mello. -- Barueri, SP: Novo Século Editora, 2021.

   1. Autoajuda 2. Desenvolvimento pessoal 3. Mudança de hábitos 4. Exercícios para emagrecimento 5. Saúde I. Título

21-1144   CDD-158.1

Índice para catálogo sistemático:
   1. Autoajuda: Saúde   158.1

Alameda Araguaia, 2190 – Bloco A – 11º andar – Conjunto 1111
CEP 06455-000 – Alphaville Industrial, Barueri – SP – Brasil
Tel.: (11) 3699-7107 | Fax: (11) 3699-7323
www.gruponovoseculo.com.br | atendimento@gruponovoseculo.com.br

Dedico esta obra em primeiro lugar a Deus, que me sustentou até chegar aqui e que está no controle de toda minha vida.

A toda a minha família: Norton (meu pai), Carmem (minha mãe), Juliana e Sarah (minhas irmãs), que são a base, o alicerce da minha vida e o motivo pelo qual me faz querer lutar sempre.

E dedico aos meus seguidores, aos amigos e a todos que me ajudaram a chegar até aqui, que contribuíram nesta trajetória.

Sur

Prefácio	**9**
Introdução	**17**
Capítulo 1 **Do futebol às lives**	**27**
Capítulo 2 **O impacto das lives**	**51**
Capítulo 3 **Bastidores das lives**	**75**
Capítulo 4 **O programa de exercícios**	**97**
Capítulo 5 **Mente e corpo saudáveis**	**121**
Capítulo 6 **Tendências do mundo virtual**	**139**
Capítulo 7 **O que vem no horizonte**	**161**
Mensagem final	**179**

Pr

efácio

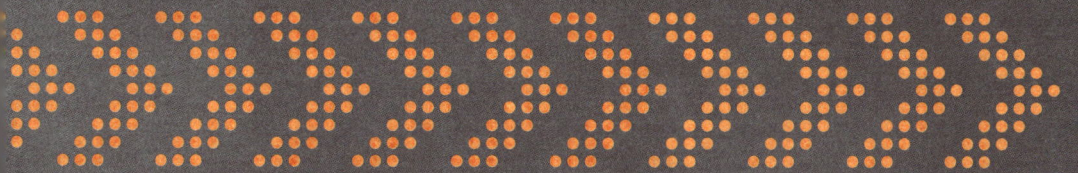

 **E**nxergo o último ano do Norton com muito orgulho. Eu sei o quanto ele trabalhou para conquistar os objetivos. Quando morou comigo nos Estados Unidos, vi os tantos desafios que ele enfrentou: em busca de seus sonhos, lutava pelo visto de trabalho e de forma alguma queria ficar em uma situação irregular. Mesmo com várias complicações, foi fazendo os treinamentos e conquistando o espaço dele. No entanto, junto com a clientela, os conflitos cresciam na mesma proporção. Acredito que era foi uma preparação do que estava por vir.

Hoje, ver os frutos de todo o trabalho que ele fez é muito recompensador. Muitas vezes o nosso papel é apenas semear. Plantar a semente. Mas nem sempre vemos o fruto final. O Norton sempre foi um excelente profissional, mas nem sempre isso ficava tão exposto. Hoje isso é fruto de quem ele é, do caráter que tem e do trabalhador que se tornou. Mais do que isso: ele entendeu que aquele período difícil fazia parte da semeadura – e que o fruto foge do nosso controle. Ele pensava: vou continuar regando e plantando, o que tiver de vir está nas mãos de Deus. E tudo aconteceu em um ano completamente atípico.

Eu o conheço desde criança, dos tempos de igreja e do São Paulo, e por isso não me surpreendem as tantas atitudes altruístas do Norton. Ele sempre deixou claro que seu objetivo de vida era ajudar e transformar as pessoas. E, quando sabia que a pessoa não tinha os recursos necessários, buscou ajudar. Claro que ele precisa receber pelo trabalho que faz, pois está cedendo o tempo dele. Mas sempre compreendeu a necessidade de compartilhar o talento que tem. E isso é de brilhar os olhos. O que ele fez durante a pandemia é a sua essência.

Saber que sou a inspiração dele é muito legal, mas de extrema responsabilidade. Quanto mais próxima uma pessoa está de mim, mais ela me conhece de verdade. O Norton vê em detalhes o meu comportamento e isso significa que tudo o que faço precisa ser compatível com o que eu digo. Não posso ser uma pessoa na frente das câmeras e outra no meu cotidiano.

É uma grande alegria ser uma inspiração para o Norton, mas isso é recíproco. Ver toda essa disposição que ele tem para fazer as coisas é incrível, mas o que mais me impressiona é a maneira como ele não negocia seus valores, independente do que está vivendo. Existem alguns limites, e esses limites são os princípios que ele tem. O Norton é inspirador. Sei que ele inspira muita gente, e eu, como amigo próximo, também sinto isso todos os dias.

Ricardo Izecson dos Santos Leite, **o Kaká**

Eu ao lado do jogador Kaká, meu
amigo de infância
e prefacista desta obra

Intro

>>>>>

dução

"O que eu posso toma

ara emagrecer?"

 *E*ssa deve ser a pergunta que eu mais ouço. É natural que façamos esse questionamento, já que uma das coisas que mais vemos nas redes sociais são dezenas de fotos de antes e depois. Há um problema com esse tipo de imagem: não traz o *durante*. Todo o processo é deixado de lado e, quando isso acontece, a tendência é que a gente tente buscar o caminho mais curto.

As pessoas estão ansiosas e querem resultados do dia para a noite. Com uma palavra, você faz uma busca. Com um botão, você chama um carro. Tudo é muito rápido, a um clique de distância. Então, acabamos tendo dificuldade de entender processos mais demorados e longos.

Muita gente também esquece que cada pessoa tem um metabolismo diferente. Uma história diferente. Sabe por que eu quase nunca publico uma foto de antes e depois? Porque é uma comparação. E essa comparação, em vez de incentivar, atrapalha.

Para ser infeliz, basta se comparar com alguém, e, a partir do momento que você se mede por outro indivíduo, não importa o âmbito, está embarcando em um caminho para a infelicidade. O resultado disso é que você sempre vai achar alguém que acreditará ser melhor.

Eu fui atleta. No caso de alguém que pratica um esporte de alto rendimento, ele quer (e precisa) ser melhor do que o outro. Quer ser campeão. Mas quem acompanha minhas lives sabe: eu não quero que a pessoa pense em ser melhor do que os tantos outros que também estão assistindo. Ela precisa querer ser melhor do que ela foi ontem. Se fizer cinco exercícios hoje, tente realizar seis amanhã.

É sobre isso que quero falar neste livro. A ideia é transmitir uma mensagem para as pessoas sobre mudança. A atividade física é um **meio** para a transformação de vida. Um meio, não um fim, entende?

A atividade física não só transforma o seu corpo, ela transforma a sua mente.

Para isso, você precisa entender que é necessário abrir mão de muita coisa. Abrir mão de hábitos prazerosos pode ser muito doloroso. Mudar a rotina, deixar de ver alguém, deixar de fazer algo…

Isso serve para tudo na vida: se você quer emagrecer, precisa parar de comer algumas coisas. Se você quer um casamento bem-sucedido, precisa ceder pensando na felicidade de ambos e deixar de lado a vida de solteiro. Se você quer passar em uma faculdade específica, precisa esquecer as noites maldormidas e as saídas frequentes com os amigos. Isso tudo é abrir mão para conquistar algo, e esse processo é um dos mais difíceis de serem compreendidos atualmente.

Essa jornada, porém, vai transformar o seu modo de pensar, suas atitudes e a forma como você enxerga a vida.

Entender que a atividade física é um grande meio para essas mudanças é essencial.

E não precisa se assustar: com o tempo, a tendência é tudo se tornar mais natural. Para isso, porém, o exercício precisa ser mental. Começa na sua cabeça: você precisa tornar aquilo um hábito e, como eu já disse antes em minhas lives, todo hábito já foi um sacrifício. Se aquilo não fizer parte da sua rotina, você vai somente entrar em um projeto de verão, um projeto de 20 dias, um projeto de três meses... Um **projeto**, não um **processo**. E você não quer que tudo isso seja uma aventura temporária, certo? Você quer que seja uma longa e duradoura jornada – como a vida.

Não vou mentir para você: o início é chato, um processo lento que parece se arrastar. Mas quer a notícia boa? Não vai demorar muito para você notar que tudo já se tornou um grande, feliz e saudável hábito.

E nem ouse pensar que eu não faço sacrifícios. Se hoje a alimentação e os exercícios são hábitos para mim, há outras atividades mais difíceis. Eu sempre curti aprender coisas novas – e sempre tive um interesse em tocar instrumentos. Por influência do meu pai, aprendi violão, piano, bateria, mas sempre quis aprender outros dois instrumentos: saxofone e violino. E tem sido um desafio inacreditável. Tem horas que dá raiva, que parece que não vai dar certo e a vontade é jogar o violino longe. Mas sei que isso faz parte do processo do aprendizado e que é muito importante.

Nos meus treinos, sempre faço esta analogia: você vai experimentar várias sensações. Tem horas que falta o fôlego, que as pernas tremem, que tudo dói; há momentos em que você vai estar cansado, e em outros vai se sentir mais disposto. Vai conhecer exercícios odiáveis, e com outros vai se encantar e fazer sempre. É como a vida: temos dias difíceis e outros prazerosos. Momentos inesquecíveis e acontecimentos que daríamos tudo para nunca mais lembrar. Tudo é um processo. Quando você insiste no processo e não no atalho – como os que me perguntam sobre o que tomar para emagrecer –, a chance de ser mais saudável e mais feliz aumenta demais.

Nas páginas a seguir, você vai conhecer a minha trajetória e como foi que esse processo aconteceu. São histórias, lições, dicas e caminhos para poder tornar a atividade física um meio de transformação na sua vida. Vou te contar sobre como lutei muito para ser jogador de futebol e acabei trilhando um caminho totalmente diferente. Como o ramo do esporte e as amizades me ajudaram a chegar onde cheguei. Como criei as lives, os bastidores e os desafios. E como você pode ir muito mais longe do que jamais imaginou.

Essa é uma parte da história do meu processo de transformação. Espero que ela te inspire.

Capítulo 1

Do fu
às l

>>>>>

tebol
ves

"Não, treino o suficiente

>>>>>>>>>>>>

ara ser o melhor."

 Uma das primeiras roupas que vesti, ainda recém-nascido, não deixa mentir o quão profunda é a minha relação com o futebol: na maternidade, já trajava um macacão do São Paulo Futebol Clube. Existem dezenas de fotos minhas, aos dois anos de idade, com uma bola debaixo do braço.

Meu pai, apaixonado pelo esporte e são-paulino roxo, foi a principal influência. E minha disciplina de atleta já começou na infância: ele me treinava e pedia para que eu chutasse com a direita, com a esquerda... Não demorou muito para que a paixão se tornasse mais séria. Aquela roupinha da maternidade virou o uniforme do meu clube do coração quando eu tinha apenas 8 anos.

Joguei futebol durante toda a minha adolescência: quando não estava no centro de treinamento do São Paulo, estava jogando com meus amigos em outro lugar. Quando não estava brincando com eles, estava chutando uma bola em casa.

Foram muitos anos em um dos maiores clubes do país e ali tudo parecia certo que eu seria jogador. Eu tinha esperança e bons resultados na base, além de uma série de amigos no futebol – Kaká, que viria a ser um dos melhores jogadores da sua geração, era um deles. Mas a vida nunca se desenha da maneira que pensamos: em uma partida, tive uma fratura exposta que me deixou de molho com gesso por 9 meses.

Desanimei.

Depois de não ter as chances que eu esperava no São Paulo, passei pelo Palmeiras, Criciúma, e percebi o quão difícil era encontrar propostas vantajosas. Apenas clubes menores, do interior, entravam em contato. Com 23 anos eu desisti da ideia de ser jogador de futebol.

Até ali era raro ter certezas na vida – e uma delas era justamente a de ser profissional do esporte – e com sucesso neste mundo.

Eu considerava que tinha potencial para jogar em clubes grandes do país e, sinceramente, foi uma frustração aceitar que aquilo não seria possível por uma série de motivos. Para dar certo no futebol, é necessária uma série de fatores, alguns que nem sempre dependem de você. Talento, disciplina, empresário e uma boa dose de sorte...

E agora? Eu não sabia fazer mais nada, mas sabia que sorte não era um problema: muitos meninos buscam essa carreira como única opção de vida e da família. Por ter uma realidade diferente – uma família estruturada e o suporte dos meus pais, pude buscar outro caminho mesmo aos 23 anos. Eu tinha uma outra certeza: não me imaginava em escritório, sentado, olhando para uma tela de computador por oito horas. Decidi usar todo o aprendizado angariado no futebol a meu favor e virei educador físico.

Dentro desse cenário, havia algumas opções. A primeira era me tornar preparador físico dentro de um clube – mas essa profissão é muito incerta. Você não é preparador físico do clube, e sim da comissão que está trabalhando no time naquele momento. O dia que o técnico sair, você sai também, e isso me deixou extremamente na dúvida sobre atuar na preparação física de times profissionais. Decidi que não iria por esse caminho.

Como sempre senti falta dos trabalhos individuais no esporte, pensei em ir por outro caminho: em um esporte coletivo, você raramente tem treinos somente com um preparador (o que eu considero um erro). É claro que é difícil pensar em um cenário de um clube que tem um preparador para cada atleta, mas é importante lembrar que cada corpo responde de uma forma e que cada posição no futebol possui demandas diferentes de preparação física.

Eu mesmo não tive qualquer ajuda individual no meu período como jogador, e isso me fez falta. Treinava sozinho, em casa, por curiosidade mesmo. Quando eu era moleque, era o mais baixinho e magrinho do time. Se eu não me esforçasse o dobro de alguns colegas, ficaria para trás.

Esse sentimento fez parte da minha decisão como personal trainer. A partir do momento em que coloquei na minha cabeça que era melhor trabalhar de maneira individual, ficou claro para mim que eu queria me envolver muito com cada cliente, porque assim eu poderia conhecê-lo 100% – e saber o que ele precisa, o que não precisa, do que sente falta e quais suas dificuldades e facilidades.

Sempre pensei em trabalhar com os jogadores, como preparador físico individual, mas percebi que o alto rendimento e a cobrança haviam me cansado. Afinal, os atletas precisam do resultado para o dia seguinte. Mais do que isso: precisam de treinamentos que, muitas vezes, não são saudáveis.

Acredite: um dos maiores mitos do esporte é que um atleta é saudável. Olhe para mim, que nem tive carreira longeva no esporte: tenho 33 anos e já passei por cirurgias no joelho, no braço, retirei totalmente o menisco... Esportes de alto rendimento não têm nada a ver com saúde.

Até hoje faço alguns treinos com jogadores, mas sem aquele compromisso e cobrança do alto rendimento. Na verdade, foram muitos desses treinos que me ajudaram a chegar onde estou.

A amizade com Kaká e a ida para os Estados Unidos

Minha amizade com o Kaká vem dos tempos de criança. Ele é 5 anos mais velho do que eu, então, quando entrei no São Paulo, aos 8 anos, ele tinha 13. Ele e seu irmão, então com 10, abraçaram-me lá dentro. Eu também frequentava a mesma igreja que ele, por isso estávamos sempre juntos – seja no refeitório do CT, no templo ou na casa um do outro. As nossas famílias acabaram ficando próximas e a nossa amizade continuou mesmo com diferentes caminhos de vida – ok, não *tão* diferentes assim.

Sempre tive vontade de morar nos Estados Unidos. Desanimado com os primeiros passos da minha profissão aqui no Brasil, queria construir a minha família e fazer tudo acontecer por lá. Na época, em 2014, o Kaká estava indo jogar no Orlando City e isso me abriu muitas portas.

No entanto, no início não foi tão fácil como parecia. Até eu conseguir a liberação para trabalhar na área de preparador físico, tive de fazer cursos e esperar uma série de documentações serem liberadas, bem como aguardar o governo americano reconhecer a minha formação acadêmica do Brasil. Nos primeiros 4 meses residindo nos Estados Unidos, para me manter, trabalhei como pintor de casas, colocador de revestimentos (pisos e azulejos) e até demolindo construções. Esses trabalhos, apesar de as pessoas considerarem como "subemprego" – como é visto até nos Estados Unidos –, foram uma escola para mim. Além disso, eu tinha certa habilidade para essas funções, pois tinha facilidade com trabalhos manuais, e condicionamento físico para a parte pesada.

Fiquei com o Kaká por lá – fizemos um trabalho de preparação física juntos e aprendi demais. Tive a oportunidade de conhecer vários jogadores e até treino para o Ronaldinho Gaúcho dei.

Sou muito grato ao Kaká, não só pela ajuda profissional, mas também como pessoa. Sou padrinho de casamento dele e, até pelo fato de eu ser mais novo, ele sempre me deu conselhos. É uma referência para mim como pessoa – desde o trato com o outro até suas atitudes no dia a dia. O cara é uma inspiração – e eu devo a ele algumas experiências impagáveis, como a que você vai ler a seguir.

As lições de Cristiano Ronaldo

Para contar essa história, vamos dar um breve pulo para o ano de 2018. Na época, o jogador brasileiro Douglas Costa, então na Juventus, me chamou para passar um período com ele na Itália, para fazer um trabalho específico de fortalecimento, pois ele estava sofrendo muitas lesões. Certo dia fui acompanhar um treino da Juve e Kaká me disse que iria avisar o Cristiano Ronaldo sobre a minha visita, para que conversasse comigo.

Estou lá, assistindo ao treino com alguns dos melhores jogadores do mundo em ação, em um dos maiores clubes da Itália – uma experiência já incrível por si só –, quando vejo, aos poucos, Cristiano Ronaldo se aproximando de mim. Ele chega e diz: "você que é o amigo do Kaká?".

Olho para os lados, quase como se não fosse comigo, e respondo: "eu mesmo". Então, Cristiano me pede para encontrá-lo no estacionamento no final do treino, perto de seu carro. O Cristiano Ronaldo querendo falar comigo!

Ele apareceu conforme o combinado, e foi simplesmente sensacional. Ele me contou que treinava três vezes por dia. De manhã, em casa, à tarde, na Juventus, e à noite, em casa novamente. Eu falei, surpreso:

— Pô, você treina pra caramba...

Ele me deu uma resposta que até hoje eu não esqueço:

— Não, eu treino o suficiente para ser o melhor.

Ele é uma grande inspiração. Dedica-se, abre mão de muitas coisas, e o resultado é que está no topo há mais de dez anos, assim como o Messi. Entender a mentalidade desses atletas é essencial para compreender o seu sucesso. Não é à toa.

Quando, nos meus treinos, digo que a pessoa só precisa ser melhor do que ela mesma, é a verdade. Não é para eu, você ou qualquer pessoa que não seja atleta de alto rendimento tentar treinar na mesma frequência ou intensidade do Cristiano Ronaldo, mas lembrar que, para ser o melhor do mundo, ele precisou abrir mão de algo. E, para nós sermos melhores do que nós mesmos – não melhores do que os outros –, também precisaremos fazer sacrifícios.

O ano de 2016: o pior – e mais importante – momento da minha vida

Vamos voltar para o período em que eu estava nos Estados Unidos: o plano era fazer carreira lá, mas esse sonho foi brevemente cessado. Após dois anos em Orlando, tive que voltar – assim como o Kaká, que estava para encerrar a carreira e também voltaria para a sua terra natal.

Desembarquei no Brasil em 2016 e tudo parecia dar errado. Havia acabado de terminar um namoro e meu sonho de construir uma vida nos Estados Unidos fora interrompido. Estava totalmente sem rumo.

Tudo começou a mudar com uma simples atitude: eu não trabalhava, ainda, nas redes sociais. Mesmo assim, o Kaká marcava meu Instagram com frequência, o que enchia a minha rede social de solicitações de novos seguidores. Como não conhecia a maioria daquelas pessoas, eu ignorava. Certo dia, decidi tornar a rede social pública. Resultado? Todas as solicitações para me seguir foram automaticamente aprovadas, e, em um dia, pulei de 4 mil seguidores para mais de 30 mil – e confesso que, no começo, fiquei um pouco aflito.

Depois de algumas postagens, começaram a chegar alguns contatos de trabalho. Até que uma menina, modelo, pediu para fazer aula comigo. Na segunda aula, levou outra amiga, também modelo. E assim começou: uma pessoa foi puxando outra e comecei a não só dar aulas para personalidades, mas também criar uma audiência engajada no Instagram.

Foi totalmente natural, e não me peça para explicar – eu não vou saber. Sempre me perguntam qual foi o meu segredo para alcançar o sucesso e eu não tenho essa resposta. Foi um processo – sim, sempre ele, o processo.

Nós temos que passar pelo processo.

Começou com os treinos com Kaká, o fundo do poço em 2016, as aulas, a audiência aumentando... A minha disciplina de atleta me fez ter paciência para esse tempo. Não existe um atleta que faça suas atividades 100% com prazer – sempre vai ter dor. Com a dor, vem o aprendizado. Em cada parte da vida.

O ano de 2016, para mim, foi o mais doloroso. Mas, com o tempo, foi o que mais me trouxe prazer e me deu as conquistas que tenho hoje. Todos os meus alunos, os seguidores, os patrocínios... Tudo passou pela dor que senti em 2016. Lembra do processo e a insistência durante uma aula? Sentir dor, ficar ofegante e depois olhar no espelho e pensar: hoje eu consegui. Essa é a vida, em todos os aspectos.

O que levei da vida de atleta

Ser atleta dói. Física e mentalmente. As cirurgias, as noites maldormidas, o corpo que pede arrego. É como se fosse uma longa maratona em que você não sabe se vai chegar ao final ou desistir. Ao invés de pensar nisso, você corre, corre e corre mais um pouco. Alguns vão tentar te derrubar no processo, e você vai precisar, como já falei, ter sorte.

Frustração. Esse foi o meu sentimento quando, aos 23 anos, olhei para trás e, mesmo tendo dedicado mais de uma década da minha vida ao sonho de jogar futebol, tive que pendurar as chuteiras. Quem se aposenta aos 23 anos? Pois é.

Levamos muito do que aprendemos e vivemos na infância e na adolescência para o resto da nossa vida, e comigo não foi diferente. O futebol me deu muito mais do que algumas cicatrizes no joelho e amizades. Primeiro, ele ensinou como me portar. Eu fiquei anos dentro de clubes e passei por muito *media training*. Muitas pessoas me perguntam como consigo ser tão calmo e lidar com críticas de maneira tão serena. No esporte de alto nível, você é forjado para lidar com críticas de todo tipo. Aquilo me ajudou muito e foi preponderante para que eu pudesse me comunicar bem durante as lives.

Segundo, e mais importante, o futebol me deu disciplina. A disciplina de treino foi a mais óbvia – tão natural quanto escovar os dentes ou colocar um par de sapatos. Mas também me trouxe disciplina para a vida. Paciência para que as coisas se desenrolem. Não ser relacionado para jogos, ficar no banco em outros, não ter a chance em times profissionais... Para ser atleta de alto rendimento, você precisa de resiliência. E isso eu tenho de sobra.

Se essa época me trouxe alguns traumas físicos, também carrego alguns traumas emocionais. O principal deles, talvez, seja a cobrança. Por ter crescido em um meio em que era necessário correr mais do que os outros todos os dias, tenho a competição pulsando em minhas veias. Era preciso, sim, dedicar-se muito para ter qualquer sucesso. Mas essa cobrança comigo mesmo seguiu até depois de parar de tentar ser jogador profissional.

Sofri muito tempo me cobrando, em cada área da minha vida. E, sendo atleta, cobrado o tempo todo pelas pessoas e pelo time, você naturalmente se torna alguém competitivo. Se eu ligasse o videogame naquela época, eu ia querer ganhar de você. Eu desejava desafiar a todos, bem como a mim mesmo.

Aos poucos, fui vendo o quanto aquilo me prejudicava. Pensei que não precisava mais daquilo – estava ali para ser uma pessoa melhor. Acredito que o segredo da felicidade está na satisfação, e se você se cobra demais, nunca se sentirá completo e, logo, nunca estará plenamente feliz.

Depois que essa chave mudou em mim, de que precisava pegar mais leve comigo, consegui lidar muito melhor com as coisas.

Percebeu que a linha é muito tênue entre a dedicação e a cobrança excessiva? É difícil às vezes dosar, por isso é preciso buscar o estado de satisfação. Você precisa ficar satisfeito consigo mesmo, sabendo que, para atingir alguns objetivos, serão necessários sacrifícios. Nem tudo vai sair como você planeja – e tudo bem.

A resiliência nada mais é que a capacidade de se adaptar a situações, de manter um jogo de cintura. Se há algum objetivo traçado na sua vida, você vai **persistir** por ele. Aqui, retomo o que disse na introdução: por isso tantas pessoas desistem de projetos de verão ou querem ir por um caminho mais curto. Só vai fazer sentido se houver uma insistência para que você opte pela jornada.

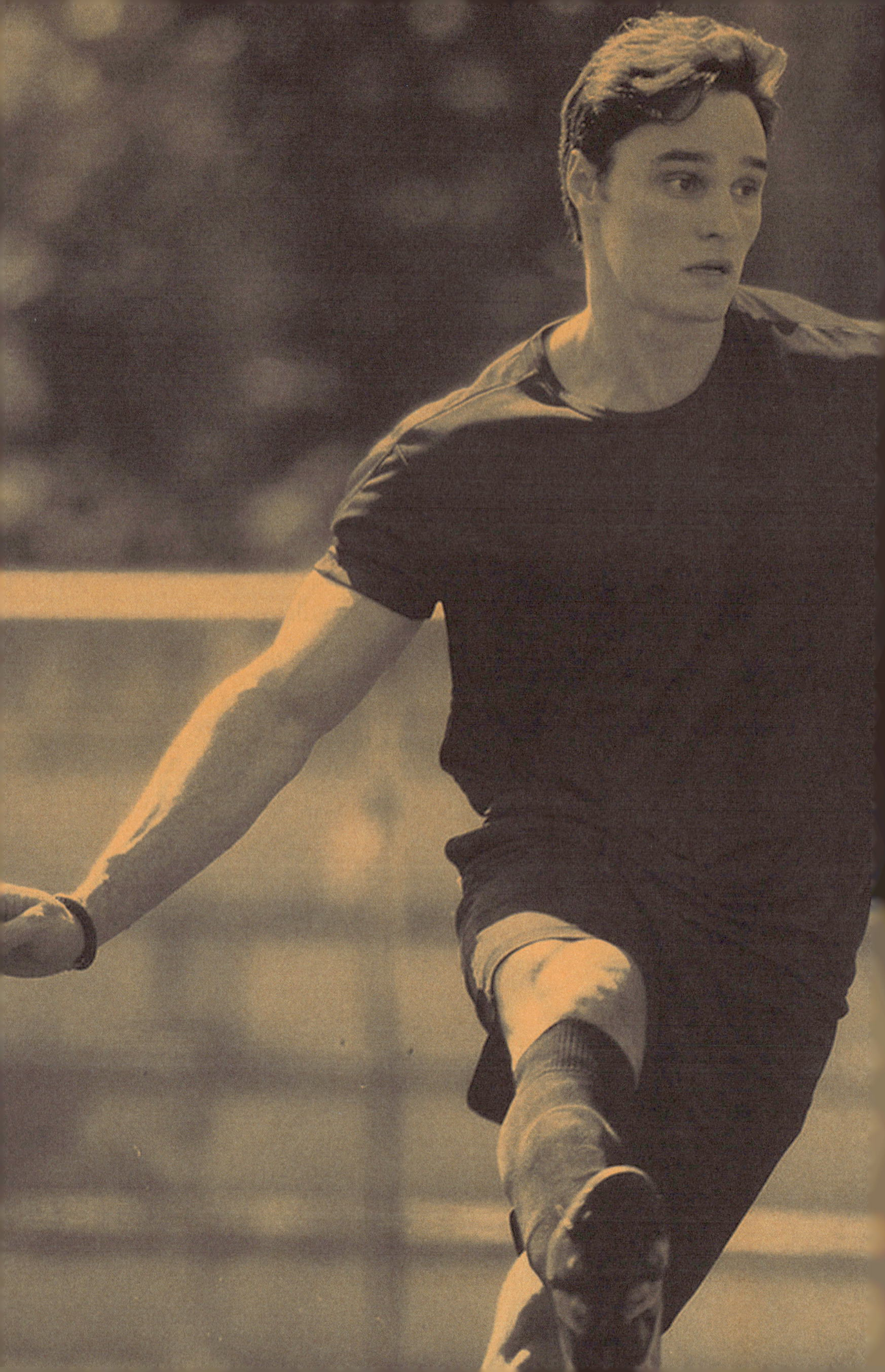

Mais jovem, jogando em times menores. Abaixo, quando eu era pequeno, aos 2 anos de idade

Ao lado do jogador de futebol Cristiano Ronaldo (2018)

Nos treinos, a pessoa só precisa querer ser melhor comparando-se apenas consigo mesmo. Ou melhor, conhecendo seus próprios limites.

Capítulo 2

O im
das

pacto
lives

"O treino é s

ım meio."

>>> Certa vez, após uma live, estava lendo as mensagens diretas que me mandam no Instagram. Nem sempre consigo olhar tudo e responder, mas faço questão de tentar. Entre várias notificações, uma destoou do restante. Uma mulher me contou um pouco da experiência dela com os treinos.

Ela explicou que seu casamento havia acabado em 2020, no meio da pandemia. Ela também foi demitida. Entre tantas tragédias pessoais, contou ainda que estava pensando em tirar a própria vida. Então, o Instagram sugeriu minha live. Quando ela entrou, já estava no final – eu já tinha terminado os exercícios.

Quem assiste às minhas apresentações ao vivo sabe que, após o treino, ofereço uma mensagem positiva – pois, como já disse anteriormente, considero que a saúde mental é tão (ou mais) importante que a física. Ela explicou que, naquele dia, parecia que eu estava olhando no fundo dos olhos dela e passando um recado específico – para ela e para mais ninguém.

Eu respondi a mensagem. Surpresa, ela enviou uma tréplica emocionada. Entre lágrimas e palavras, dizia:

– Eu não acredito! Você dá aula para as pessoas famosas e me respondeu... Você me notou.

Continuei respondendo, com algo que marca até hoje as minhas lives:

– Você é importante, e não importa se dou aula pra gente famosa ou não.

Ela agradeceu e eu pude, de certa maneira, ajudá-la a sair de uma situação difícil. Para que ela nunca esquecesse que a vida dela importa, tatuou "você é importante".

Aquilo me marcou demais e, a partir dali, comecei a propagar mais essa mensagem. Todos são importantes, por mais que tenham 2 ou 3 mil pessoas em uma live. Virou uma marca genuína minha, pois, como você já leu no começo deste livro, meu propósito é permitir que as pessoas transformem suas vidas com exercícios.

Eu acredito muito – **muito** – no propósito dos seres humanos. Tenho consciência disso e, por ser uma pessoa focada, busco sempre cumprir esse objetivo. O feedback que recebo, como esse que você acabou de ler, é o que me motiva todos os dias para realizar as lives: saber que estou ajudando alguém em outro canto do país ou do mundo. Pessoas que talvez não tenham condições de pagar uma academia ou que tenham passado por dificuldades durante a pandemia. Então, por mais que eu estivesse me arrastando, eu não deixei de fazer a live.

Quero sempre impactar a vida de alguém. Por isso o treino é um caminho para enxergar mais o copo cheio. Entendo a busca das pessoas por um corpo perfeito, mas é importante mostrar como a saúde mental está muito mais ligada à felicidade. Você pode estar com o corpo dos sonhos, mas, ao se olhar no espelho, não ver alguém feliz. E o contrário também pode acontecer: o físico não está como gostaria, mas está plenamente satisfeito com a vida.

Tenho um projeto voluntário e sempre foi da minha personalidade querer ajudar as pessoas.

Desde jovem eu estava envolvido. A igreja também tem um papel importante nisso: por ter crescido com uma educação religiosa, sempre existe esse lado de servir o outro. Tento trazer isso para a minha vida e, é claro, para o meu trabalho. A ideia da live veio justamente desse propósito de que, juntos, poderíamos nos ajudar nesse momento trágico e passar por um período de transformação.

Mas como começaram as lives, de fato? Há algum tempo, realizo uma consultoria on-line que atende clientes de diferentes lugares do planeta. Se alguém quer fazer um treino no prédio, eu monto e ele faz por conta própria. Tenho bastante gente nessa consultoria, e algumas dessas pessoas moram na Europa. No final de fevereiro de 2020, começaram a chegar algumas mensagens – as academias de lá estavam fechando e os alunos estavam pedindo para fazer o treino em casa.

Por aqui ainda estava tudo tranquilo. No dia 26 de fevereiro tivemos a confirmação do primeiro caso da Covid-19 no país, em São Paulo, e, considerando a evolução do vírus no resto do mundo, era só questão de tempo para que o cenário piorasse. Não demorou muito para que as pessoas começassem a noticiar que as academias estavam fechando no Brasil também. Eu sempre postei um tipo de treino que chamava desafio em casa e o retorno era ótimo – todos gostavam.

Quando a pandemia começou a piorar, logo pensei que precisava ajudar as pessoas. Elas estavam em casa, sem a possibilidade de sair e sem entender até quando aquilo poderia durar. A chance de transtornos mentais acometerem uma enormidade de pessoas era alta.

Então veio a ideia das lives, também inspirada pelo desafio em casa que eu já fazia com os meus seguidores. Inicialmente, iria durar apenas uma semana. Mas na primeira live eu tive 1.200 pessoas comigo, que começaram a escrever que queriam mais e mais.

As notícias sobre o Coronavírus só pioravam e, quando notei que a live estava sendo uma válvula de escape, decidi fazer um projeto – melhor, um processo – contínuo. Comecei a ter 8, 10 mil pessoas de maneira simultânea na transmissão.

Senti-me quase na obrigação de continuar as lives, todos os dias. Era a minha missão. Com mais restrições por conta da pandemia, vi outra possibilidade com as transmissões no Instagram. Com um alcance significativo, seria possível ajudar pessoas que estavam passando por dificuldades. A cada dia, mais negócios fechavam, que gerava menos fonte de renda para quem precisava.

Por isso, apesar de ter tido várias chances de capitalizar as lives, preferi usá-las para divulgar os negócios dos meus seguidores. Eles me mandavam mensagem e, sempre que possível, eu usava as transmissões para falar sobre aquele negócio. Vende bolo? Eu divulgo. Tem um restaurante? Falo sobre ele. A ideia era de que aquela hora fosse algo além de exercícios: eram todos se ajudando pela transformação de suas vidas. Mais do que transformação: para muitos, aquela era uma questão de sobrevivência.

Personal trainer dos famosos? Não, obrigado

Muita gente me pergunta: por que não faz uma live com o Kaká? Ou um treino legal com o Gabriel Medina? Ou uma transmissão com a Anitta? Se eu fizer uma live dividida, vou chamar o Kaká... E a pessoa assistindo vai deixar de ser o principal elemento da live. Quando converso e mostro a importância de todos que estão ali comigo, os espectadores sentem que estou ali, treinando com eles. E treinamos juntos, mesmo. Eu tenho a sensação de que estou ao lado de milhares de pessoas.

Observei alguns treinos de colegas que colocavam pessoas famosas na live e percebi que muitos acessavam, mas não treinavam. Queriam apenas assistir à transmissão pelos convidados em si, e não pelo conteúdo.

Eu também queria me afastar um pouco dessa ideia de dar aula somente para artistas, jogadores e outras celebridades. Se você buscar meu nome no Google, vai encontrar muitas vezes que sou o *personal dos famosos*. Sou grato por treinar tantas pessoas conhecidas, o que me deu uma visibilidade tremenda, mas não sou fã desse rótulo. Dá a impressão de que sou inacessível, alguém totalmente distante do trabalhador comum, que só quer fazer atividades físicas e trazer um pouco de saúde para a sua vida. Não quero ser só o personal trainer dos famosos.

Eu sou um cara normal. Não gosto que me coloquem em pedestal algum, e um dos objetivos de manter o foco no exercício e não em quem está ali é justamente esse: a atividade física precisa ser democrática, inclusiva e para todos, principalmente em tempos em que academias estão fechadas e estamos reclusos em casa. Exercitar-se é um direito.

Quando aquela mulher me contatou e me falou, chorando, que estava surpresa e eufórica por receber minha mensagem, eu quis deixar claro que eu não sou essa pessoa inalcançável.

Atualmente, as lives diárias são para um canal privado no Instagram. Não me entenda mal: eu ainda sou totalmente a favor de mais e mais pessoas terem acesso à atividade física em casa, mas também era necessário, da minha parte, monetizar os treinos. Ainda assim, considero que é um preço acessível: hoje, o valor cobrado para ter acesso a treinos diários e mais específicos é de 49,90 por mês. Mais barato do que uma academia ou mesmo uma aula com qualquer personal trainer.

Não consigo dizer que esse valor será para sempre, mas uma certeza eu tenho: ele nunca será inacessível. O preço é pouco mais de um real por dia – é só dispensar um delivery de final de semana que você já terá acesso a uma grande rede de conteúdo.

O dia do recorde e o processo até o verão

Ninguém sabia, ao certo, até que momento a pandemia iria durar. A cada dia que passava, tudo se tornava mais incerto. A velocidade da transmissão, os hospitais cheios... Quantas vezes nós escutamos, em 2020, pessoas falando sobre o "novo normal". E com esse "novo normal", inclusive, chegou a parte dos exercícios em casa.

Era difícil prever e, pensando que no segundo semestre de 2020 as coisas poderiam estar melhores, eu havia me comprometido a fazer lives até o dia 1º de junho. No final de maio, tudo continuava incerto e parecia que ainda ficaríamos um tempo dentro de casa.

Resolvi, então, fazer um desafio: o recorde de uma live fitness, até aquele momento, era de 27 mil pessoas acompanhando de maneira simultânea, na Austrália, em um evento promovido por uma empresa. Olhando os números das nossas lives, já havíamos chegado em 14 mil de maneira simultânea e, considerando que as lives ficavam até 24h depois, chegava a bater 50 mil visualizações.

Muita gente começou a me pilhar para bater esse recorde com as transmissões. Se conseguíssemos chegar nos tais 27 mil, continuaríamos com as lives. Fizemos a divulgação. Amigos chamaram outros amigos, que chamaram familiares e assim por diante. No dia, os números não paravam de subir rapidamente. Cinco mil, 10 mil, 15 mil... Chegamos em 20 mil com alguma facilidade. Nos 25 mil, parecia questão de tempo – e foi: atingimos 30,7 mil espectadores simultâneos, em uma jornada de transformação de vida.

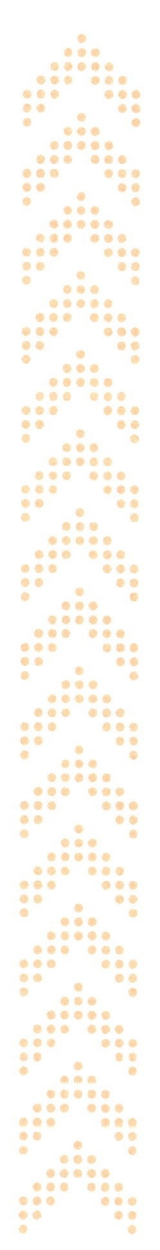

Ali, naquele dia, eu sabia que a minha missão estava começando a se cumprir. O compromisso havia se tornado ainda mais sério, real e necessário.

Logo mudamos o objetivo: agora, as lives iriam até o dia 21 de dezembro de 2020, o primeiro dia de verão.

Afinal, transformar um sacrifício em hábito leva tempo – às vezes muito tempo. E como eu já disse: a resiliência, o fato de insistir em ter lives todos os dias é o que eu acredito que possa ter mudado a vida das pessoas – assim como mudou a minha.

Sendo uma pessoa de propósito, chegar no dia 21 de dezembro tendo feito as lives todos os dias foi uma das maiores realizações da minha vida. E acredito, também, que tenha sido a realização de muitas pessoas conseguir fazer os treinos. Quando eu me refiro às transmissões, sempre digo "nossa" e nunca "minha", por um motivo: o treino é de todos e para todos. Claro, eu sou o professor, o educador responsável, mas ela não pertence a mim. Ela é minha, sua e de quem mais quiser me acompanhar.

A Última Live – The Last One

Quero agradecer a vocês, galera. Quero agradecer por tudo o que fizeram por mim. Obrigado por acompanharem a jornada toda. Começamos a fazer por uma semana e durou 281 dias. Passamos de 9 meses. Quase 300 dias.

Fiquem sabendo que vocês não são seguidores, que vocês se tornaram amigos. Meus amigos de todas as noites. Vim com o intuito de ajudar vocês, e vocês me ajudaram. Vocês foram a minha companhia desde março... Vocês marcaram a minha vida. O ano em que a gente ouviu falar de mortes, tristezas e doenças, abrimos um espaço pra falar de vida, esperança e da alegria que é viver. A esperança, a fé, o amor, a gente poder se doar um pelo outro.

Fico feliz demais de poder fazer parte da vida de vocês todo esse tempo. Eu me emociono porque não foi fácil chegar aqui. A gente abriu mão de mais de 9 meses de muitas coisas. Galera, isso não tem preço, me sinto com a missão cumprida. Muita gente tem o propósito na vida e o meu nesse ano foi esse de ajudar vocês. O treino é só um meio. Agradeço a Deus, agradeço à minha família e aos meus amigos. Obrigado ao Studio Kore, pelos presentes que mandam pela minha casa. Pessoal da V9. Obrigado, pessoal, não sei nem mais o que falar, mas fica a minha gratidão.

Acreditem em vocês. A vida vale a pena. Você tem um propósito aqui. Momentos difíceis todos nós vamos passar. Vocês estão no meu coração para sempre.

Esse discurso, de olhos marejados e voz trêmula, foi parte do que eu disse na última transmissão em meu Instagram privado, no dia 21 de dezembro de 2020. Foi um dos momentos mais emocionantes da minha vida.

Essa live conta com uma história curiosa: foi feita em parceria com a RedBull e a V9. Ela contava com um cenário especial, equipamento profissional, três câmeras diferentes... Era tudo realmente muito incrível para encerrar essa fase. Só que tudo começou a dar problema. A live caiu logo no início e depois não conseguíamos voltar.

O desespero começou a tomar conta. Já eram 20h10. Será que, bem na última live, talvez a mais importante, eu teria problemas?

Então, tudo fez sentido: por melhores que tenham sido a intenção e a parceria com a Red Bull para fazer algo especial, não poderia ser diferente. Comecei de maneira tão simples, só eu e meu celular, que não poderia encerrar de outro jeito. Deus quis que eu fechasse esse ciclo como eu comecei: eu, minha câmera e os meus seguidores.

Por pouco não fui aos prantos durante o encerramento por um motivo: tudo foi tão genuíno e tão sincero... Foi uma troca em que eu pude aprender e me doar, assim como todos que assistiram às minhas lives. Um ciclo foi encerrado e, com certeza, me tornei uma pessoa melhor graças a todos que acompanharam, aos amigos e família que me deram força, aos patrocinadores que entenderem o porquê de eu não querer estampar as marcas deles nas lives.

Muita gente me diz que eu os ajudei, mas no final das contas foram todos vocês que me ajudaram.

O que ficou de 2020?

Olhando sob a perspectiva de educador físico, esse período foi importante para quebrar alguns paradigmas. O maior deles, talvez, seja o fato de que você pode fazer exercício em qualquer lugar.

Um cantinho na sala, por menor que seja, pode ser suficiente para criar esse hábito.

Dois mil e vinte trouxe muitas dificuldades, mas sinto que realizei o meu propósito. E pretendo continuar realizando pelo resto da minha vida. Ver as lacunas que a vida te apresenta e conseguir preenchê-las é parte da busca por aquela felicidade. Aquela que vem somente com a satisfação, lembra?

O ano de 2020 foi trágico e milhares de vidas foram perdidas. Todos nós temos um conhecido ou até mesmo parente que faleceu.

Em tempos em que falamos tanto sobre doenças, criar o hábito e buscar uma transformação de vida pelo exercício físico e a sanidade mental tornou-se peça-chave de uma discussão global por uma saúde melhor para todos.

Por isso eu falei tanto sobre isso nas minhas lives. Queria que as minhas mensagens não acabassem ali, perto das 21h. Queria que a transformação fosse além. Abrir a cabeça para entender que aquilo é mais do que 40 minutos de exercício foi um dos meus lemas durante 2020.

A transformação da sua vida pode passar por uma mudança de hábito – melhor, pela criação de um hábito. Fiquei muito tempo atuando no esporte de alto rendimento e sei a relação entre a performance de um treino e a nossa saúde – e como isso pode fazer diferença em toda a nossa vida.

Lembre-se de como aquela mistura de sensações é uma grande metáfora para a sua vida. É como se fizessem um recorte de um mês em apenas 30 minutos, em que cada minuto é um dia: você vai suar, querer desistir, animar-se... Isso não só vai te motivar a treinar o exercício, quando a sensação é quase sempre boa, mas pode te ajudar a transformar a sua vida.

Não esqueça de que a transformação não é instantânea. Ela vem com esforço e sacrifícios: é o processo de que tanto falamos.

O ano de 2020 foi um processo doloroso para cada um de nós, mas que, de certa maneira, podemos ter aproveitado para nos tornarmos pessoas melhores.

Uma lição: ser bem-sucedido é reativo

Você é bem-sucedido! Já ouvi isso algumas vezes. Quem bate o olho e vê realizações profissionais como régua para medir o sucesso de alguém pode mesmo ver o que tenho feito e dizer que sou bem-sucedido.

E sou mesmo. Mas por outros motivos. Personal dos famosos. Personal das lives do Instagram. Seja lá qual for o apelido que eu tenha, não é por esses nomes que eu me considero uma pessoa bem-sucedida. Ter sucesso, na minha concepção, está relacionado a felicidade e família.

Estar satisfeito com a sua vida profissional é ótimo. Ter realizações, aspirações, sonhos... Mas nada disso importa sem uma solidez em nosso círculo de relações. Da mesma maneira que você não pode comparar corpos de pessoas diferentes – e, em alguns casos, até o da mesma pessoa –, comparar o sucesso de dois indivíduos é como comparar laranjas e maçãs.

Para alguns, falta oportunidade. Para outros, sobra. Mais do que isso: para algumas pessoas, não existe o ímpeto ou a ambição de ter uma carreira grandiosa e memorável. E tudo bem. Ser bem-sucedido não é ganhar mais do que o outro. Ser bem-sucedido é olhar para si mesmo e buscar aquele lugar de contentamento, de felicidade, sem depender dos outros.

A vida profissional é recheada de hierarquias: chefes, estagiários, analistas... Você até pode falar para alguém: olha só, você é gerente! Mas existe o diretor. Existe o CEO. Na ótica de comparação, só o presidente seria o bem-sucedido? Já falei aqui sobre como a insatisfação pode estar relacionada ao hábito de se comparar com os outros; e ter como parâmetro de sucesso medido pelos outros.

O sucesso precisa cada vez mais ser colocado ao lado da felicidade. Ser bem-sucedido é ser feliz. É ter amigos, família e outras pessoas que podemos contar. É uma das forças que me move. Meus maiores bens não são materiais. São pessoas.

Ao lado da minha mãe, Carmen, das minhas irmãs Juliana e Sarah e do meu pai, Norton

Capítulo 3
Bast das

dores
lives
▶▶▶▶▶▶▶▶▶▶

"Constância. Busque

》》》》》》》》》》》

sso no seu dia a dia."

Em mais de nove meses de transmissões, muitas coisas podem acontecer. Perrengues, atrasos, problemas técnicos, histórias maravilhosas e muito mais. Reservei este capítulo para te contar alguns momentos curiosos e importantes desses acontecimentos, além de alguns motivos pelos quais acredito que, apesar dos contratempos, as lives deram tão certo. Será que você estava em alguns desses episódios? Espero que sim.

De virar a cabeça!

Quando tomei a decisão de começar as lives, era necessário achar um espaço em casa para que pudéssemos fazer o treino juntos da melhor maneira.

Então, veio a ideia de usar uma parede-lousa que eu havia feito para as minhas sobrinhas. Com aquele espaço, poderia explicar sobre o treino que iríamos fazer de maneira mais prática.

Algum tempo antes da primeira live, comecei uma preparação e pensei em qual tipo de treino faríamos. Coloquei tudo na lousa e fiquei na expectativa para iniciarmos a prática. Assim que abri a câmera e comecei a transmissão, o problema: tudo o que estava na lousa ficou **ao contrário!** A câmera inverte tudo, então o conteúdo era impossível de ler... Corrigimos isso logo no segundo dia de live (e acabei desenvolvendo a habilidade de escrever tudo ao contrário) e seguimos.

Ops, a live caiu!

Assim que comecei as lives, elas foram derrubadas três vezes. Fiz a primeira, caiu. Fiz a segunda, caiu. Fiz a terceira e caiu de novo. Fiquei coçando a cabeça para descobrir o que estava acontecendo e entrei em contato com o Instagram. O motivo tinha relação com o horário: 20h – o *prime time* das lives da rede social, especialmente no início da pandemia, quando as transmissões ao vivo estavam em alta. O sistema ficava sobrecarregado e não suportava tanta gente.

Depois que o problema foi resolvido, a live continuou caindo esporadicamente. Qual seria a questão? Foi quando me chamaram a atenção para algo que eu não havia pensado – e se você acompanha minhas transmissões desde o início, deve se lembrar: elas estavam sendo derrubadas por conta dos direitos autorais das músicas que eu colocava para dar aquele gás durante o treino.

Fiquei encucado, porque tinha amigos que faziam lives e outras transmissões com música e não eram derrubados. Depois o Instagram me explicou que o motivo era o alcance: a nossa transmissão tinha um número muito alto de espectadores. Assim, quando o algoritmo do aplicativo fazia uma varredura por violações de direitos autorais, a nossa live era olhada de maneira mais minuciosa. E é esse o motivo das minhas transmissões serem mais, digamos, silenciosas.

Por que às 20h?

Quando começamos com as lives, optei pelas 20h pensando no dia a dia da maioria dos brasileiros: normalmente esse é o horário em que a maioria das pessoas já terminou de trabalhar e realizou a refeição pré-treino. Para mim, também era um horário que funcionava e, a partir do momento em que definimos que as lives só se encerrariam em junho (e depois em dezembro), eu me programei para ter esse período sempre livre – um compromisso essencial que não poderia sofrer mudanças.

Mas imprevistos acontecem, é claro. Eu só me atrasei duas vezes em quase 300 dias – na última live, como contei em outro capítulo, e depois de uma viagem que fiz para Florianópolis, a trabalho. Foram momentos de tensão e angústia – a cada volta no relógio, a cada minuto que passava e eu não tinha aberto a transmissão, imaginava a expectativa de todos que estavam aguardando... Mas em ambas as situações foi possível começar a transmitir com apenas quinze minutos de atraso.

Você pode fazer um treino só de peito e tríceps?

Sou muito grato por ter seguidores que sempre entenderam qualquer tipo de problema – mas é claro que, principalmente no início, existiam os haters. Pessoas que reclamavam dos exercícios, do áudio, da imagem, de tudo... Como sou bem tranquilo, ignorei na maioria das vezes e, quando respondi, procurei ser mais polido ainda. Só que é aquele negócio: você dá a mão, pedem o braço.

Muita gente sempre me pediu para realizar alguns treinos específicos – a maioria com educação. O motivo de escolher um treino que usa o corpo inteiro e por tempo, em vez de repetições, foi para ser o mais democrático possível. Um treino de peitoral e costas exclui quase todas as mulheres das lives, enquanto uma live com exercícios para glúteos exclui os homens.

O motivo de trabalhar com o tempo em vez de número de repetições é justamente para que cada um possa fazê-lo no seu ritmo. Para um seguidor, fazer 20 agachamentos em 40 segundos pode ser tranquilo, mas para outro pode ser um desafio do tamanho do Everest. Já por tempo, um pode fazer 20 agachamentos e outro 5 – e ninguém vai se incomodar. O treino é o mesmo para todo mundo: o que muda é a intensidade.

Mais do que um treino: histórias dos seguidores

Recebi centenas de mensagens privadas falando um pouquinho sobre como as transmissões afetaram a vida das pessoas durante 2020. Foram muitas (muitas mesmo!) histórias de transformação de vida, corpo e mente. É claro que todos os casos que me relataram são muito importantes, mas coloquei a seguir alguns dos que mexeram comigo.

Jéssica morava na Austrália e, pelo lockdown extremamente restrito por lá, não podia fazer muita coisa. Perdeu o emprego e foi para a casa da irmã, onde começou a fazer as lives em abril. Depois de o sacrifício se tornar um hábito, passou a fazer mudanças na alimentação e, depois de seis meses, já havia perdido mais de 30 kg – passou de 125 kg para a casa dos 90kg.

Lila viveu um relacionamento extremamente abusivo e, pouco antes da pandemia, estava no processo de se desvincular dessa pessoa. Conseguiu se desconectar, mas perdeu o brilho nos olhos e o sorriso no rosto. Em um momento doloroso, foi para casa de uma amiga e, durante uma live da Aline Riscado, conheceu o nosso treino. A partir daí, passou a acompanhar diariamente. No início ela estava fraca, mas a insistência fez com que ela ganhasse cada vez mais condicionamento, sempre incentivada pelo nosso jeito na live. O sorriso voltou.

Maria estava mal e com depressão. Havia terminado um casamento longo, de mais de 20 anos, e não se sentia bem consigo mesma. Ela tinha começado a treinar na academia, mas logo veio a pandemia e teve que parar. Ficou na fossa. Nossas lives passaram a ajudá-la e, a partir do contato diário com todos os seguidores e os treinos, sentiu-se acolhida e verdadeiramente com vontade de viver.

Neto tinha a cirurgia bariátrica marcada – faltavam só os últimos exames. Certo dia ele resolveu tentar treinar, acompanhado da esposa, que já fazia as nossas lives. Foi difícil, mas conseguiu. Mais do que isso: pegou gosto pela coisa. Não perdia mais nenhuma aula e, depois de quatro meses treinando, perdeu mais de 30 kg. Ele conta que foi a mudança da vida dele, já que utilizou o treino como meio para passar por uma grande transformação. Evitou a cirurgia e continua treinando.

XXXX e YYYY estavam solteiros durante a pandemia. Quem assistiu às lives sabe que, em determinados momentos da transmissão, eu abro para comentários. E foi nesse exato momento que eles se conheceram. Começaram a conversar, as coisas se desenrolaram e... Eles vão se casar em 2021! Ou seja, além de oferecer saúde mental e física, nossas lives geraram uma incrível história de amor!

As lives em números:
281 lives
11.240 minutos de exercícios
30.700 pessoas de maneira simultânea
(dia 31 de maio)
+ 386 mil seguidores no perfil @NortonMello

Os segredos do sucesso das lives

Muita gente me pergunta o que eu fiz para que as lives tivessem um sucesso tão incrível. Para mim não é muito complexo: tudo foi feito com muito propósito. Isso transparece para todo mundo e com certeza influenciou para que as transmissões alcançassem milhares de pessoas durante mais de nove meses. Não acho que exista um segredo específico. São vários fatores que ajudaram a gerar esse engajamento tão incrível – e é hora de compartilhá-los com você.

Constância: *foram 281 lives. Estava presente todos os dias, fizesse chuva ou sol. Essa constância ajuda a criar o tão sonhado hábito.*

Didática: *as lives sempre foram didáticas, inclusivas e democráticas. O fato de escrever na lousa é para quase que literalmente desenhar quais eram os exercícios. Além disso, sempre passava quais eram as atividades antes de começar o treino de fato e explicava da maneira mais simples possível – nem todos sabem nomenclaturas e termos técnicos e,* *considerando que sempre prezei por transmissões democráticas, isso era sempre vital.*

Variedade: *a dinâmica das lives mudava toda semana. Era um treino que as pessoas podiam realizar* **todos os dias** *– então era necessário mudar as práticas e trazer diferentes experiências para as pessoas. Durante as transmissões, já usei roletas em que eu girava para a definição da próxima atividade ou até mesmo um dado gigante que eu jogava para decidir qual seria o exercício seguinte.*

Expectativa: *gerar certo mistério ou expectativa ajudou muito no engajamento das lives. Além do próprio mistério semanal gerado nos espectadores, sempre buscava colocar desafios que eu só revelaria ao fim da live. A ideia é que aquele fosse mais um elemento para incentivar o espectador a ficar até o final.*

Interatividade: *as nossas lives são interativas. Por várias vezes coloquei seguidores dentro das transmissões para que eles pudessem ajudar* *a definir os exercícios – e fazia a mesma coisa com os comentários durante as transmissões: sempre que possível, respondi para que todos entendessem que tinham voz ali.*

Protagonismo: *a interatividade também tem a ver com protagonismo. Meu discurso sempre foi no sentido de que todos ali eram importantes e todos participavam comigo. Eu não estava dando aula para eles: estávamos todos treinando juntos. Vale lembrar também que evitei qualquer tipo de participação dos famosos na live, pois o artista, esportista ou outra pessoa conhecida tiraria o protagonismo dos seguidores.*

E depois das lives?

Ao nos aproximarmos do fim das lives em meu Instagram aberto, muitos me perguntaram sobre os meus planos para 2021. Sendo 2020 um ano tão conturbado, mas com oportunidades, poderia criar grandes expectativas e fazer grandiosos planos... Mas não.

Não gosto de fazer planos a longo prazo. Tenho metas, sim: diárias, semanais, mensais – mas evito ficar olhando muito para a frente. Parece distante e, se parece distante, parece impossível. Dar um passo de cada vez foi como cheguei até aqui, e é isso que continuarei fazendo. Pode ser um passo curto, mas, se for firme, é melhor do que um salto que terminará em queda livre, perigosa e descontrolada.

Constância. Busque isso no seu dia a dia. Se você for constante, por mais que seja em uma velocidade baixa, é mais certeiro do que dar um pique muito rápido e ficar cansado depois.

100 LIVESTREINOS

É o modo que eu vivo. Eu acredito muito em Deus. Tenho planos e objetivos, mas, se não for da vontade de Deus, e eles não forem realizados, tudo bem. Se você colocar um peso muito grande em objetivos e metas, dá a impressão de que, caso elas não se concretizem, você é um fracassado. E nada poderia ser mais incorreto do que isso.

A partir desse estado de contentamento, chega a satisfação: saber que você não está ao alcance de tudo e não tem controle sobre muitas das coisas que acontecem. É um clichê, mas um clichê no qual acredito cada vez mais: não é sobre o fim, é sobre a jornada. É sobre como você conduz.

Pergunte para alguém que passou por uma transformação, seja estética, mental, profissional ou qualquer outra: ela não estalou os dedos para mudar tudo. O caminho foi um aprendizado que ela vai levar para a vida toda. Sem as dificuldades, nada teria valido a pena e aquilo nem teria sido uma transformação.

É por isso que eu evito, ao máximo, criar expectativas. Minha vida vem numa crescente. Lembra de 2016, o pior ano da minha vida? Desde então, cada ano que se seguiu foi o melhor que já vivi – e cada um com suas particularidades. Parte dessa sensação tem relação direta com o contentamento. Não crio a expectativa de que será melhor do que 2020, de que terei mais seguidores, de que estarei mais em alta...Tudo pode ser uma fase.

A maior lição de 2020, talvez, foi como transformar um acontecimento em uma oportunidade. Foi um ano doloroso, mas que tornou possível diversas transformações, como na minha vida e nas histórias dos espectadores que compartilhei – apenas algumas de muitas. Nossas lives foram um meio para que muitas pessoas pudessem se sentir mais realizadas. Ninguém mudou por causa das lives.

As pessoas mudaram com as lives.

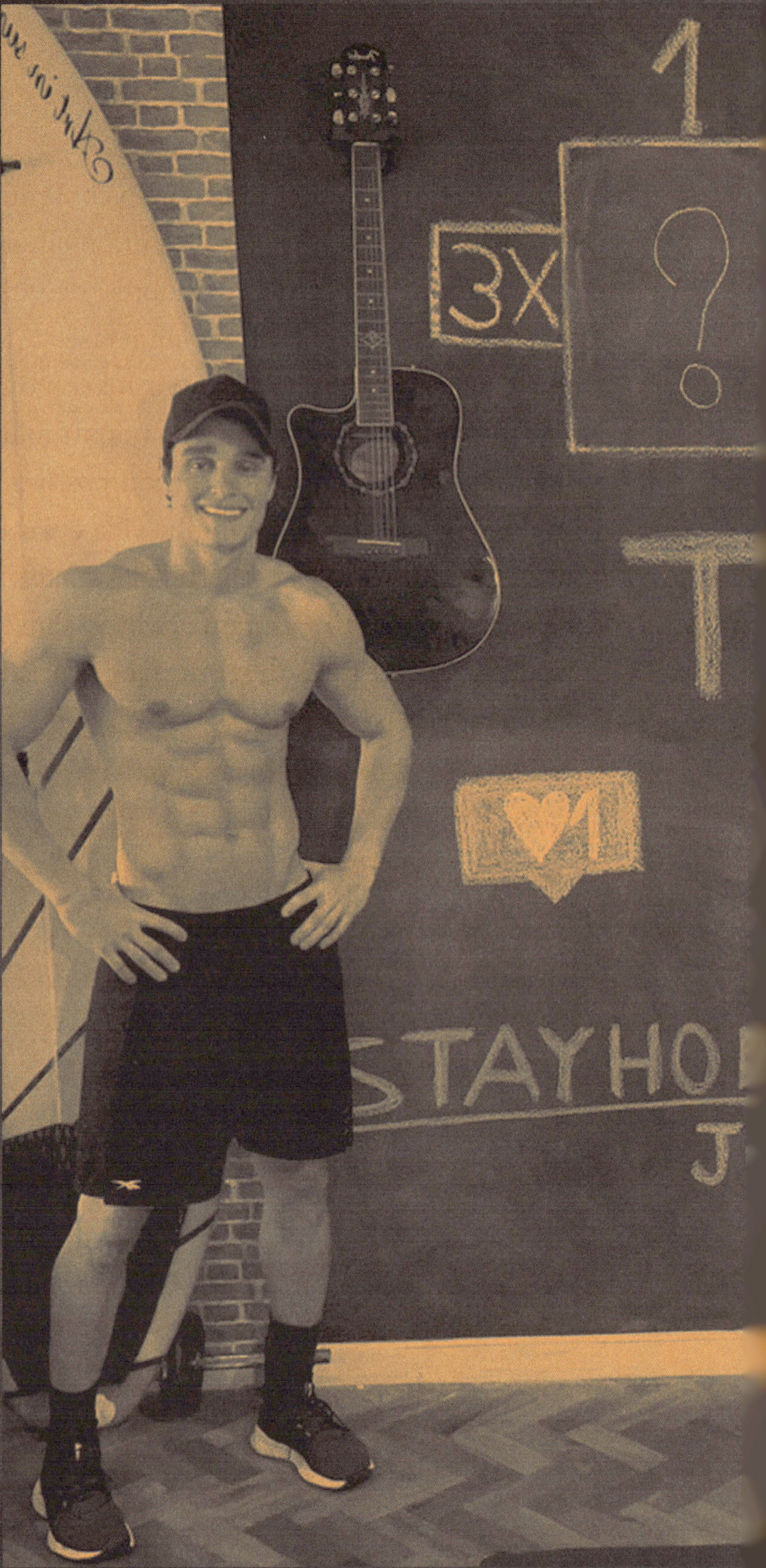
1
3X
?
STAYHO

2   3   4

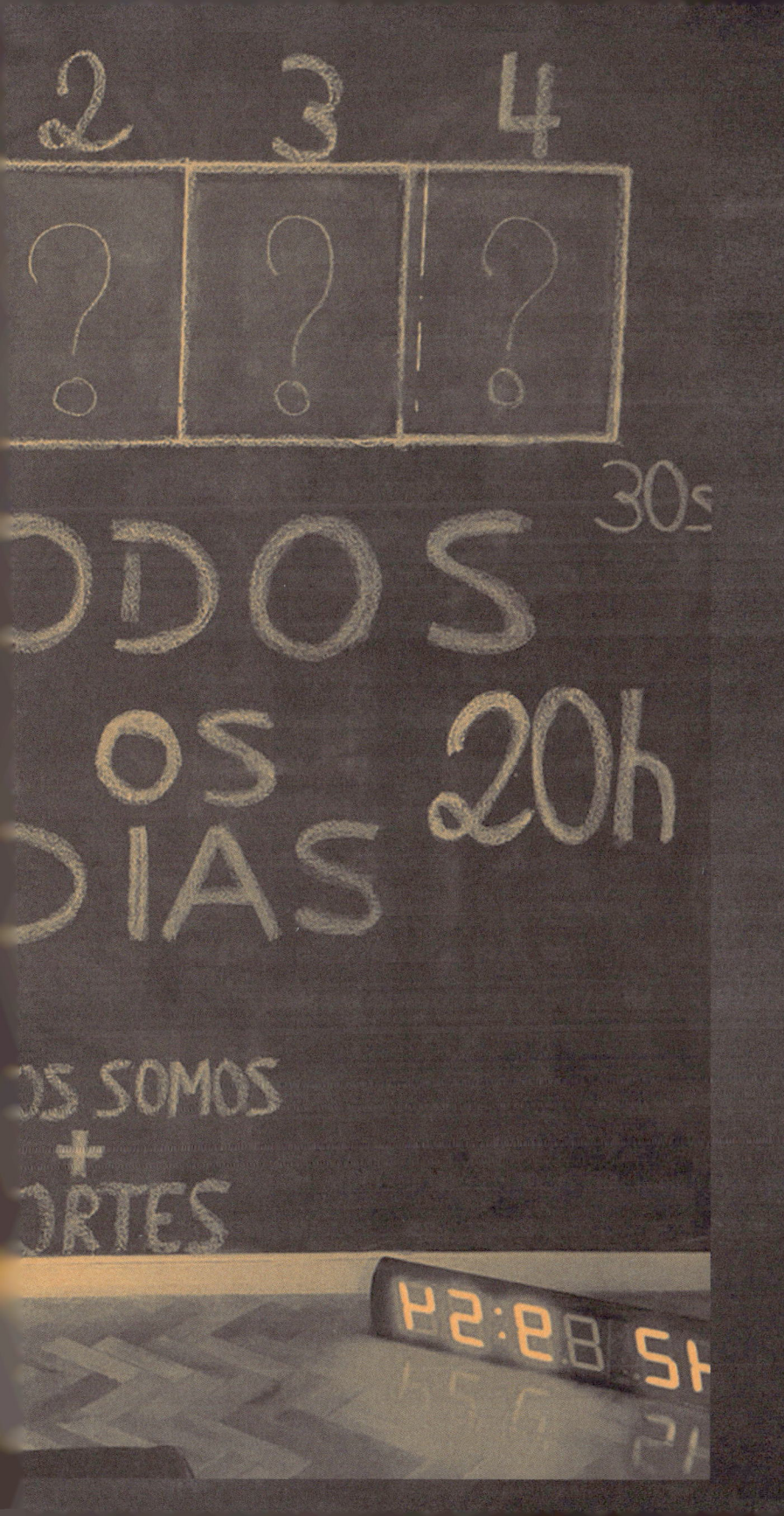

? ? ?

ODOS 30s
OS
DIAS 20h

OS SOMOS
+
ORTES

Capítulo 4

O pro
de exe

grama
rcícios

"Todo hábito um dia

>>>>>>>>>>

oi um sacrifício."

>>> **N**o capítulo anterior, contei um pouco sobre alguns dos fatores que ajudaram a alavancar as lives. Acredito que o sucesso aconteceu por diferentes motivos, mas talvez o principal deles tenha sido a escolha democrática dos exercícios. As atividades não só precisavam ser dinâmicas e com constantes mudanças, mas também acessíveis para todos os tipos de pessoas – dos iniciantes aos experientes nos treinos funcionais.

Tive que optar por atividades que não usassem qualquer tipo de peso. Isso era essencial por dois motivos: primeiro, impedia que milhares de pessoas fossem excluídas por falta de equipamento. Segundo, ajuda a evitar lesões – afinal, se sugerisse para as pessoas um halter de determinado peso, para parte da audiência aquilo poderia ser uma carga excessiva que apresentaria um risco à saúde física – a última coisa que eu desejaria.

Era tudo uma questão de dar a oportunidade para que as pessoas pudessem treinar. A seguir, explico mais sobre os treinos. Depois, aprofundaremos em uma das lives como exemplo.

Aquecimento: *em toda live, colocamos alguns exercícios de cardio para que a pessoa pudesse fazer um aquecimento. Isso não só ajuda a evitar lesões, como já coloca os espectadores no clima do treino. Como a ideia é fazer a live em casa, a sugestão sempre era correr para a frente e para trás em um espaço pequeno, mas também existia a possibilidade de fazer o skipping (correr sem sair do lugar) ou polichinelo.*

Tempo de exercício: *no capítulo anterior, relembramos o motivo pelo qual sempre optei por tempo de atividade e não repetições. Durante as lives, o tempo de execução foi variado: 30, 40, 50 segundos... Tudo dependia do tipo de exercício e de qual seria a dinâmica do treino.*

Sempre apontei que o tempo não era inimigo, e sim um aliado – todos deveriam aproveitar ao máximo aquele momento.

Exercícios em bloco: *os exercícios nas lives são feitos em blocos. Isso permite que possamos criar intervalos de descanso e também que criemos uma dinâmica lógica de atividades. Ou seja: usamos exercícios complementares em cada bloco, de maneira que a pessoa consiga realizar todos.*

Exercícios fullbody: *como o treino é fullbody (ou seja, inclui todas as partes do corpo), a ideia nunca foi focar em um grupo muscular. Alguns exercícios até tinham certo direcionamento para um ou outro músculo (ex. flexão e peito; afundo e coxa), mas, ao fim da live, a pessoa tinha exercitado o corpo todo – ou quase isso.*

O que esperar como resultado em nossos treinos?

Condicionamento físico: *um dos principais ganhos com os tipos de exercícios que fazemos é o condicionamento físico. Condicionar-se nada mais é do que preparar o seu corpo para aguentar mais cargas antes da exaustão. Foram vários os relatos de pessoas que, no início, aguentavam metade do treino ou faziam poucas flexões durante o tempo escolhido e, depois de alguns meses, já faziam a live completa e haviam dobrado ou quadruplicado o número de flexões.*

Emagrecimento: *além do condicionamento físico, os tipos de exercícios que fazemos também ajudam no emagrecimento. Já visitamos algumas histórias incríveis de pessoas que perderam dezenas de quilos depois que adquiriram uma rotina com as transmissões. A atividade, aliada a uma alimentação saudável, pode dar resultados na balança e no espelho.*

E a hipertrofia?

A hipertrofia, ou seja, o aumento de massa muscular, pode ser o objetivo de algumas pessoas que iniciam os treinos. Embora o treino funcional possa dar um ou outro resultado, principalmente se aliado a uma dieta específica para ganho de massa, para adquirir um ganho de massa satisfatório, é mais indicado trabalhar com carga.

O passo a passo de uma live

Para explicar melhor como foram os exercícios nas lives durante 2020 e como têm sido aquelas feitas no meu perfil privado do Instagram em 2021, trago um passo a passo de um dos mais de 200 treinos que realizamos juntos.

No dia 19 de novembro de 2020, esses foram os seguintes exercícios praticados, divididos em blocos:

Sapinho

Abdominal vela

Afundo com panturrilha

Prancha invertida

Abdominal Power Up

Abdominal isométrico

Prancha cruzada

Agachamento lateral

São três rodadas de atividades em cada bloco, com 45 segundos em cada: ao final, há um desafio de 5 minutos de cardio. A seguir, você confere uma descrição detalhada dos exercícios!

Sapinho: *é um tipo de agachamento que tem como principais grupos musculares coxas, quadris e nádegas. É um movimento importante, pois utiliza quase todos os membros inferiores do corpo.*

Abdominal vela: *é um exercício que, por movimentar frequentemente braços e pernas, fortalece não só o abdômen, mas todo o core.*

Afundo com panturrilha: *assim como o sapinho, o afundo também utiliza vários grupos musculares, como as coxas e as nádegas. Intercalado com os exercícios de panturrilha, ele também ajuda a fortalecer esse músculo.*

Prancha invertida: *a prancha invertida, movimento inverso ao da prancha tradicional, trabalha uma série de músculos: braços, peito,* *glúteos e coxas. Traz muitos benefícios e também faz parte da prática da ioga!*

Abdominal power up: *neste tipo de abdominal, as pernas ficam totalmente paradas e esticadas, enquanto subimos com as mãos para o alto. É mais um exercício com foco no core e membros superiores.*

Abdominal isométrico: *mais um exercício focado no core, o abdominal isométrico ajuda a aumentar a força a partir de uma posição fixa. A contração do músculo do abdômen é importante para fortalecer o corpo todo.*

Agachamento lateral/prancha cruzada: *outro movimento que trabalha quase todos os membros inferiores do corpo: quadris, glúteos e coxas.*

Em uma hora de exercícios, trabalhamos quase todos os grupos musculares, com foco no core. Tivemos atividades que utilizaram mais os braços, enquanto outras trabalharam mais os membros inferiores. O geral do treino, porém, você já deve ter sacado: o corpo inteiro sai como protagonista. A inclusividade não para aí: ele pode ser feito por pessoas de qualquer idade, desde que adaptado de acordo com a intensidade de cada um.

Dicas para ter um espaço para treinar em casa

Escolha um lugar em que você se sente confortável

Você deve ter um ambiente favorito em casa, certo? Aqueles que trazem um conforto único. Procure treinar em ambientes que ofereçam essa sensação de contentamento e satisfação – seja na sala ou no quarto, o que importa é você se sentir bem durante todo o tempo.

Arrume bem o espaço

Você não precisa de um espaço muito amplo, mas lembre-se de, pouco antes do treino, colocar de lado cadeiras (a não ser que você use uma no seu treino) ou outros objetos que possam atrapalhar ou, no pior dos casos, te machucar.

Invista, se possível, em um colchonete

Se você já viu nossas lives, sabe que o único item que aparece de maneira constante é o colchonete. Como muitos exercícios são feitos no chão, o colchonete é importante para deixá-los mais confortáveis e sempre com a postura correta. Caso você não possa comprar um, é possível usar toalhas.

Pegou o hábito? Invista mais.

Se o exercício em casa se tornou parte da sua rotina, é hora de ter mais equipamentos. Eles não são essenciais para nenhum dos treinos que fazemos, mas podem ser um ótimo complemento para quem já se acostumou com as atividades físicas – além de deixarem o treino mais diversificado. Você pode investir em *mini bands* ou outros elásticos, comprar halteres ou até mesmo apostar em bolas de pilates. Mas não esqueça: só vá atrás de produtos assim se as atividades já estão na sua rotina. E, caso você não possa comprá-los, não há problema algum.

Criando um hábito e evitando frustrações

Todo hábito um dia foi um sacrifício. Esse é um dos meus mantras porque entendo que, principalmente no começo, mudar de estilo de vida pode ser um fardo. Para entendermos como uma atitude se torna rotineira, primeiro é importante entender: o que é um hábito?

Um estudo realizado em 2012 e publicado no *British Journal of General Practice* mostrou que o hábito nada mais é do que uma ação "feita de maneira automática em resposta ao contexto que é associado".

Um exemplo simples: ao entrar no seu carro, você automaticamente coloca o cinto de segurança – sem pensar em fazer ou no porquê de fazer. Você simplesmente faz.

Entender o que é o hábito é parte do processo de incluí-lo na sua vida. Muitas pessoas dependem de uma motivação para realizar exercícios – e não me entenda mal: motivação é importante, principalmente no começo. Mas ela precisa, em algum momento, tornar-se convicção. Afinal, há dias em que você não vai querer fazer. Vai estar cansado, com outros compromissos, com tempo apertado... Mas, se a convicção for grande na sua cabeça, você vai simplesmente **fazer** – sem pensar, como se estivesse colocando o cinto antes de ligar o carro.

Enquanto depender da motivação é estar vulnerável, estar convicto é fazer sem pensar muito. Por mais que eu pareça motivado, há dias em que vou me arrastando para as lives. Mas sempre as faço, porque estou convicto. É fazer porque você tem um objetivo e um compromisso consigo mesmo.

O mesmo serve para quem me pergunta tanto sobre a minha dieta. Não costumo falar muito sobre isso porque, para mim, não é uma dieta: eu simplesmente me alimento de certa maneira porque isso já faz parte da minha vida integralmente.

Muita gente também me pergunta o motivo de eu fazer lives todos os dias, sendo que tenho centenas de treinos salvos no meu Instagram. Eu continuo fazendo as transmissões todos os dias porque eu quero sempre colocar essa rotina na cabeça das pessoas.

Quando motivo as pessoas, sou alguém ajudando um indivíduo a aprender a andar de bicicleta. No começo, coloco rodinhas e as seguro para não caírem. Depois, tiro as rodinhas, mas continuo segurando. Por último, solto totalmente a pessoa, para que ela possa andar por conta própria e pedalar para onde bem entender. Se ela estiver andando e não cair: pronto, o hábito está criado. E a parte boa é que você nunca esquece como andar de bicicleta.

A motivação muitas vezes também está ligada à comparação. Já falei como ela pode ser negativa e, na minha cabeça, a comparação é um dos maiores vilões de quem quer transformar um hábito em rotina. Quem navega pelo feed do Instagram pode achar centenas de corpos e dietas para fazer essa comparação – e aí vem a frustração.

Minha recomendação é: se algo te faz mal, não siga. Não veja. Não tente colocar um amor platônico por um corpo. A saúde envolve um todo: para conseguir os seus objetivos, sua mente precisa estar saudável e focada em você – e não na postagem do outro.

Compartilhar suas conquistas nas redes pode ser incrível, mas tome cuidado para não tornar isso uma competição obsessiva que só vai trazer negatividade para a sua trajetória de vida. Se olhar para alguma postagem te desmotiva e te traz uma sensação de incapacidade, corte isso imediatamente – até que evitar toda essa maré de maus pensamentos será, veja só, mais um hábito.

Outra pesquisa ajuda a explicar que a criação do hábito depende muito também de cada pessoa. Para algumas, um hábito pode ser criado rapidamente, em até 21 dias – como provado pelo cirurgião plástico Maxwell Maltz. Para outras, isso pode demorar 66 dias. A maioria de nós fica em um meio-termo disso tudo, mas mostrar isso é essencial para você não se comparar a ninguém e não tentar apressar algo que deve ocorrer naturalmente.

Você pode muito bem tentar tornar o sacrifício um hábito da maneira mais rápida possível. Então, é radical: tenta treinar todos os dias, sendo que leva uma vida sedentária há anos. A tendência é de que, passada a motivação, não sobre a convicção e, além de o seu corpo cobrar pelo cansaço, você desista.

Não pratica exercícios faz tempo? Nunca teve o hábito de praticá-los? Comece devagar. Faça uma vez na semana. Depois duas. Depois fique em três por um tempo. Desse modo seu corpo irá aguentar e você, aos poucos, irá se acostumar com os exercícios. Confio muito mais em alguém que tenta construir isso devagar do que em alguém que se apressa e corre o risco de perder toda a motivação ainda no início.

Sobre permitir oportunidades e adaptar-se

Recentemente, criei o hábito de jogar futevôlei. Antes, via as pessoas praticando e parecia um esporte gostoso de se fazer e, pelo meu histórico de jogador de futebol, achava que poderia me dar bem. Tentei e... Fui mal. Os fundamentos eram os mesmos do futebol: passe, dominar de peito, cabeçada... Mas eles eram feitos de uma maneira totalmente diferente. No futebol, você domina a bola para baixo. Você mata ou amansa a bola. A ideia nunca é jogar para cima. No futevôlei, é o contrário: você joga o mais alto possível para levantar. A cabeçada, no futebol, você treina para mandar a bola sempre para baixo. No futevôlei é para cima, para ultrapassar a rede.

O problema foi que eu comecei a jogar com muitos vícios. Foram duas décadas jogando futebol e, na areia, tudo o que fazia parecia ir contra o meu instinto. Não demorou muito para que eu me adaptasse e entendesse que era necessário deixar os vícios para trás.

A capacidade de se adaptar em diferentes situações talvez seja o maior trunfo do ser humano. Vejo muitas pessoas preocupadas em começar a fazer as lives, principalmente pela possibilidade de talvez não conseguir completá-las. Certa vez, perguntaram-me no Instagram qual seria o melhor treino para uma mulher de 41 anos. A minha resposta? O mesmo que para uma mulher de 19.

O primeiro passo para se exercitar não é o movimento – é a noção de que você é capaz de treinar. Talvez a mulher de 41 anos precise se adaptar – fazer com menos intensidade do que uma pessoa de 19. Mas ela consegue fazer. Por isso, como você já viu, meus treinos não são por repetições e sim por tempo.

Por isso, a ideia de treinos democráticos: a possibilidade de gerar oportunidades e que todos pudessem se adaptar. Queria potencializar ao máximo essa chance para quem quisesse.

Para conseguir incorporar a dinâmica dos exercícios em sua vida, você terá que se adaptar de diferentes maneiras. Primeiro, fazer sacrifícios – deixar de fazer outra coisa, à primeira vista mais prazerosa – para treinar. Segundo, adaptar o seu corpo, caso ele não esteja acostumado ao exercício. Terceiro, adaptar a sua mente, para que ela possa realmente aproveitar aquele momento.

Já falei e vou repetir. Nossas lives são, sim, focadas em exercícios físicos. Mas a ideia é que elas façam parte de planos maiores na vida de cada um. Elas são oportunidades. Assim como eu, personal trainer, vi uma oportunidade e comecei com as lives, quem acompanhou também estava diante de uma opção, uma chance de separar uma horinha por dia para uma vida mais saudável.

Respire fundo e olhe ao seu redor. Pense, por um momento, em que áreas da sua vida existem oportunidades para você se tornar uma pessoa melhor. Não espere.

Com a pandemia, navegamos por águas totalmente desconhecidas. Medo, luto e incertezas fizeram parte do pensamento de quase todos nós. Depois que a ficha caiu, coube a cada um entender o que seria possível fazer em um contexto tão desafiador. Lamenta-se, é claro, as milhares de vidas perdidas, mas era necessário trabalhar com as ferramentas à disposição.

A partir disso, novos hábitos surgiram. Novos métodos de trabalho. Novos jeitos de interagir. Essas possibilidades ajudaram a mitigar o sofrimento causado pela doença e trouxeram hábitos que podem perdurar por muito tempo.

E você: qual possibilidade enxerga para a sua vida?

Motivação é importante, principalmente no começo, mas ela precisa, em algum momento, tornar-se convicção.

Postagem de 21 set. 2020: 190 dias seguidos de treino às 20h. Ou seja, 190 lives

Capítulo 5
Mente saud

e corpo
áveis

⟫⟫⟫⟫⟫⟫⟫⟫⟫⟫

"Você quer um milagre

>>>>>>>>>>>>

Seja o milagre!"

Para explicar um pouco sobre como é possível conseguir incluir os exercícios na rotina e superar as dificuldades para alcançar objetivos, vou contar uma história que se passou na minha adolescência.

Meu pai é fã de Bee Gees. Muito fã. Do tipo que montou uma banda cover. Ele nunca aprendeu a tocar nenhum instrumento, mas sempre cantou. Minha infância foi regada a Saturday Night Fever e outros álbuns do grupo, além de artistas como Beatles e Rolling Stones.

Para você ter uma ideia de como ele curtia tudo isso, o meu antigo quarto na casa dos meus pais foi transformado em um estúdio – minha infância e adolescência foram muito influenciadas pela música. Eu tentava tocar piano na casa dos meus avós e fazia sons aleatórios no violão – aleatórios porque eu não tinha ideia de como tocar; ainda assim, eu curtia tudo, não importa o quão desafinado estivesse (e era bastante). Aquilo fazia parte de mim.

Como meus pais não podiam pagar aula de música, comprei aquelas revistinhas que eram vendidas em bancas de jornal para tentar aprender – mas só fui ser ensinado mesmo ao acaso, por acidente.

Lembra que um dos motivos de eu ter desistido da carreira de jogador de futebol foi uma fratura exposta no braço que me deixou de molho por 9 meses? Logo depois que tirei o gesso, meus dedos não se movimentavam. Mesmo com fisioterapia, eles continuavam parados, já que a lesão foi bem em cima dos tendões.

Certo dia, um médico me perguntou: você gosta de instrumentos musicais? Falei que sim. Ele disse para escolher um e tentar aprender, pois isso ajudaria a voltar os meus movimentos. Comecei a dedilhar no violão e ali nascia, de uma vez por todas, a minha verdadeira paixão por música.

As revistinhas até me ajudaram, mas quem me ensinou mesmo foi uma pessoa. A dois quarteirões de casa, um senhor ensinava instrumentos para as pessoas de graça. Era parte do trabalho voluntário de uma igreja.

Com muito amor e paciência, ele me ensinou. Uma, duas, três vezes. Passei a visitá-lo toda semana. Foi um dos motivos de frequentar o templo. Sempre brinco que eu usei a igreja e a igreja me usou – no bom sentido. Depois de aprender tantas músicas, passei a tocá-las no culto, quando havia a necessidade... Na época, era muito grato por ter aprendido, mas vale dizer: minha vontade era tocar Red Hot Chilli Peppers, Charlie Brown Jr. e outros grupos da época. E demorou até que eu pudesse aprender as músicas que eu realmente ouvia.

Depois que dominei o violão, parti para outros instrumentos, porque é mais fácil depois que você sabe um. Você passa a entender sobre musicalidade e não sobre instrumentos. Atualmente, toco 11 no total: violão, guitarra, baixo, ukulele, bateria, cajon, piano, teclado, gaita, violino e saxofone.

O mais recente que aprendi é o último da lista: o sax. Considero um dos instrumentos mais difíceis e, apesar de entender de música como um todo, vi a necessidade de aprender com um profissional.

Hoje, toco todos os dias algum instrumento. Não é algo programado, mas procuro sempre brincar de música. À noite, antes de dormir, é o horário mais comum. É a minha terapia. Sou grato por ter uma vizinha que, não só não reclama, como diz que a hora que pego o instrumento é o momento em que a filha dorme – e isso a ajuda. É o meu hobbie, e me dá muito prazer.

A música surgiu na minha vida com meu pai, tornou-se paixão ao acaso e hoje me dá prazer. O processo de aprendizado e transformação da música em hobbie demorou meses e depois anos.

Encare o processo de emagrecimento e resultados no seu treino como um aprendizado. Você aprende. Acostuma-se. Treina. Podem me perguntar, é claro: Norton, não faz sentido comparar tocar instrumento com treinar...

Pois bem: se você não sabe tocar algum instrumento, tente. Pegue um violão, uma guitarra, uma gaita. A chance de as primeiras tentativas serem prazerosas é praticamente nula. O som não vai fazer sentido e você vai se sentir cansado. Pode até querer desistir. Depois que o som se torna música, vira prazer. O cansaço desaparece.

Deixe que o som se torne música para você. O exercício é som, o treino é música. Com o tempo, as notas vão fazer sentido. O resultado vai aparecer, assim como o efeito dos seus treinos.

Afinal, uma das maiores dificuldades é conseguir aproveitar a atividade física de verdade. Sempre falo nas minhas lives: nunca diga que está morrendo durante um exercício. Você está muito vivo. Esse sofrimento, aos poucos, é substituído por uma sensação de contentamento e felicidade. É o seu corpo te dizendo que está feliz e saudável.

Sabe quando você está no meio de um exercício com muita dor e quer parar, já perto do final do treino? E passa pela sua cabeça desistir ali, faltando pouco? É exatamente nesse momento que você precisa continuar. A endorfina é proporcional ao quanto você treinou: a sensação pode ser de dor, ali, no momento, mas o sentimento precisa ser de felicidade.

A bagagem do tempo

Eu falo que sou muito mais psicólogo do que personal trainer. Cada pessoa que começa um treino comigo teve um dia diferente. Tem sensações, sentimentos e uma bagagem única. Todos chegam como uma mochila – não uma mochila literal –, uma carga, um peso que precisam lidar. Quando digo que alguém faz um treino com o próprio corpo, pode trazer muito mais consigo do que os próprios quilos.

Alguns treinadores são rígidos; agem como se fossem chefes dos alunos. E tudo bem, porque cada um tem o seu modo de trabalhar – mas eu prefiro agir mais como um amigo. Quero que aquele momento seja prazeroso. Você não sabe se essa pessoa teve problemas no trabalho, no relacionamento, se a vida dela está difícil ou fácil. Sempre procuro entender o momento da pessoa – esse é um dos motivos de eu perguntar se ela está bem antes de qualquer treino.

Quando eu jogava futebol, esquecia o que estava lá fora e valorizava aquele momento. Só existia eu, meus companheiros e um objetivo em comum: ganhar. O exercício precisa ser pensado da mesma maneira. Não é fácil deixar tudo de lado, mas, a partir do momento em que o treino vira uma convicção, tudo fica mais fácil.

Depois que conheço a pessoa, também vejo qual é a melhor maneira de reagir com ela. Alguns podem funcionar com desafios – "duvido você fazer esse exercício" –, outros podem se desmotivar completamente se escutarem isso. Nas nossas lives, tomo muito cuidado com o que falo. Algo mal colocado pode derrubar alguém – e essa é a última coisa que eu quero.

Todo cuidado é pouco porque as pessoas se autossabotam. Considero esse o principal desafio de quem quer emagrecer – muito mais do que um abdominal ou uma flexão. O processo no qual a pessoa está existe 24 horas por dia, não somente na hora do treino comigo. Tendo isso em mente, ela pode agir de maneira macro, e não micro.

Micro é se dedicar no treino e abandonar o resto do dia. Macro é, ao invés de tomar aquele caminho em que você passa por uma sorveteria, seguir por outro, evitando fugir da dieta.

No capítulo anterior falamos muito sobre rotina e como ela deve ser colocada aos poucos, assim como o exemplo da música. A síndrome do impostor no processo de transformação em uma vida saudável atinge de várias maneiras. As principais delas talvez sejam a comparação (sempre ela!) e a noção da incapacidade. Alguém que fuma 30 cigarros por mês dificilmente vai conseguir parar de um dia para o outro. Mas em um mês ela pode tentar 29. No outro, 28. E assim por diante.

Dicas para passar pelo processo de resultados nos treinos

Tenha metas. *Não só de peso, mas metas pessoais em relação a transformação de vida. Procure não fazer metas a longo prazo: comece devagar. Pense dia a dia, no máximo semana a semana ou mês a mês. Isso vai te ajudar a manter a tão importante constância.*

Não se compare. *Falei algumas vezes disso, mas é essencial para conseguir os objetivos. Não se compare com outra pessoa. Não se motive baseado nas conquistas de alguém. Você terá a sua própria evolução no seu tempo. Pode demorar e é necessário paciência.*

Fique longe das tentações. Assim como dei o exemplo de passar longe da sorveteria, procure fugir de situações em que somos testados, principalmente no começo do processo.

Não relativize. Ah, eu treino para comer. Já ouvi muito isso e são as pessoas que mais sofrem. Para conseguir perder peso, você precisa pensar no todo, e o foco é necessário durante todos os dias.

Procure ajuda profissional. Somente alguém qualificado é capaz de te dizer o que comer e quando comer. Não faça qualquer dieta que viu na internet, pois os corpos funcionam de maneiras diferentes. O mesmo com treinos: procure fazer exercícios com educadores físicos.

Anote as tarefas do dia. A minha parede, antes de virar treino, era uma agenda. Hoje, anoto tudo o que preciso fazer no dia, além de colocar coisas que quero fazer. É uma mistura de dever com entretenimento. Lembre-se: você também precisa cuidar da sua cabeça.

A importância de acreditar

Treinar é movimentar o corpo, mas, sem uma mente saudável, a chance de essa movimentação dar resultado é menor. Há dias em que você não vai querer treinar: dias ruins, dias horríveis, momentos em que nada parece ir para a frente. Para isso, é importante acreditar. Ter fé – e não estou falando nada sobre religião. Para conseguir ter uma cabeça boa, você precisa entender que nem tudo está sob seu controle. Faz bem ter uma crença e entender que, por mais que você planeje o seu dia, as coisas podem não dar certo.

Eu entendo como é importante a sensação de controlar o que irá acontecer conosco. É reconfortante e seguro, mas é irreal. Nem tudo tem explicação. Ter esse tipo de pensamento de maneira genuína pode ajudar a transformar a vida e, enfim, conseguir uma mente e corpo saudáveis. Foi o que me sustentou por muito tempo e o que me dá combustível para seguir levantando da cama todos os dias.

A minha relação com Deus é curiosa. Sempre frequentei a igreja, por influência dos meus pais, mas não me sentia conectado com Deus. Não é difícil explicar o porquê: a visão que me era apresentada era de um Deus carrasco ou punitivo – uma entidade que premia quem acerta e pune quem erra, como se fosse um pai ou uma mãe. Tirou boas notas? Ganha uma bicicleta. Não fez a lição de casa? Vai ficar sem computador.

A minha relação com a religião começou a mudar. Certo dia, enquanto eu esperava o culto começar, um pastor falou sobre Deus com uma perspectiva diferente da que eu tinha visto: não um carrasco, mas um amigo que me ama independente dos erros ou acertos cometidos por mim. Passei a crer e a ter muita fé.

Questionei Deus algumas vezes, não posso mentir para você. Por que isso aconteceu? Por que tal coisa deu errada, sendo que fiz tudo certo? Essas perguntas são normais, mas elas passaram a ter respostas diferentes quando criei, de maneira oficial, o meu projeto social – o Seja o Milagre.

Durante toda a minha vida, fui incentivado a fazer trabalho voluntário. Minha mãe sempre me ensinou como era importante compartilhar o que tínhamos e nunca jogar fora aquilo que não nos servia mais. Depois de algumas campanhas que promovi nas redes sociais para arrecadação de fundos ou alimentos para instituições, passei a entender a verdadeira necessidade dessas casas.

Naquela época, meu foco era fazer doações em épocas de Natal, Dia das Crianças, Páscoa... Então me falaram que não era necessário doar naqueles dias, pois já havia muita ajuda. O problema era o resto do ano, quando esquecem de todas as casas. Passei a trabalhar em datas diferentes para ajudar.

Tudo se tornou oficial em 2016. O tal pior ano da minha vida, lembra? Quando eu estava no fundo do poço, tive uma ideia: a única maneira de me ajudar é ajudando os outros. A partir dali, nasceu o projeto. O nome nasceu de um trecho do filme *Todo Poderoso*. No longa, Bruce (Jim Carrey) tem, momentaneamente, os poderes de Deus (Morgan Freeman). Em uma conversa, Deus diz o seguinte:

> *O que você fez com a sopa não foi um milagre, Bruce, foi um truque de mágica. Uma mãe solteira que trabalha em dois empregos e ainda acha tempo para levar o filho no futebol, isso é um milagre. Um adolescente que diz não às drogas*

e sim à educação, isso é um milagre. As pessoas querem que eu faça tudo por elas, mas não se dão conta de que elas têm o poder. Você quer um milagre, filho? Seja o milagre!

Outro importante trabalho social que desenvolvi foi em 2017. Trata-se do design e desenvolvimento de uma prótese de braço multifuncional, universal, junto com o Instituto de Medicina Física e Reabilitação (IMREA – HC FMUSP). O projeto chegou a ser apresentado em um evento pelo TOM–SP, onde teve uma boa aceitação pela funcionalidade que a prótese apresentou: um braço leve, moldado para que a pessoa pudesse acoplar qualquer objeto na ponta, no lugar de suas mãos. O projeto acabou não sendo adotado pelo governo, mas fico feliz pela boa recepção que teve e por eu ter contribuído de algum modo para melhorar a vida das pessoas.

Depois de trabalhar com diferentes causas – crianças necessitadas ou com câncer –, passei a questionar menos a minha fé, pois vi realidades muito diferentes. Considerei-me ingrato pelas minhas revoltas. Meus problemas eram ruins para mim, claro, mas era tudo vaidade. Como posso questionar minha crença sendo que tenho saúde?

O projeto nunca funcionou com dinheiro: somente com doações de objetos ou alimentos que essas instituições necessitam. Se uma pessoa deseja doar algo, apresentamos a lista com as necessidades de diferentes casas. A partir disso, ela pode fazer uma doação – atuamos como um meio de campo entre quem quer doar e quem precisa receber.

Quem se interessar pode conhecer mais no perfil Seja o Milagre, no Instagram. Ter essa percepção de que existem muitas realidades diferentes da nossa pode fortalecer a nossa crença.

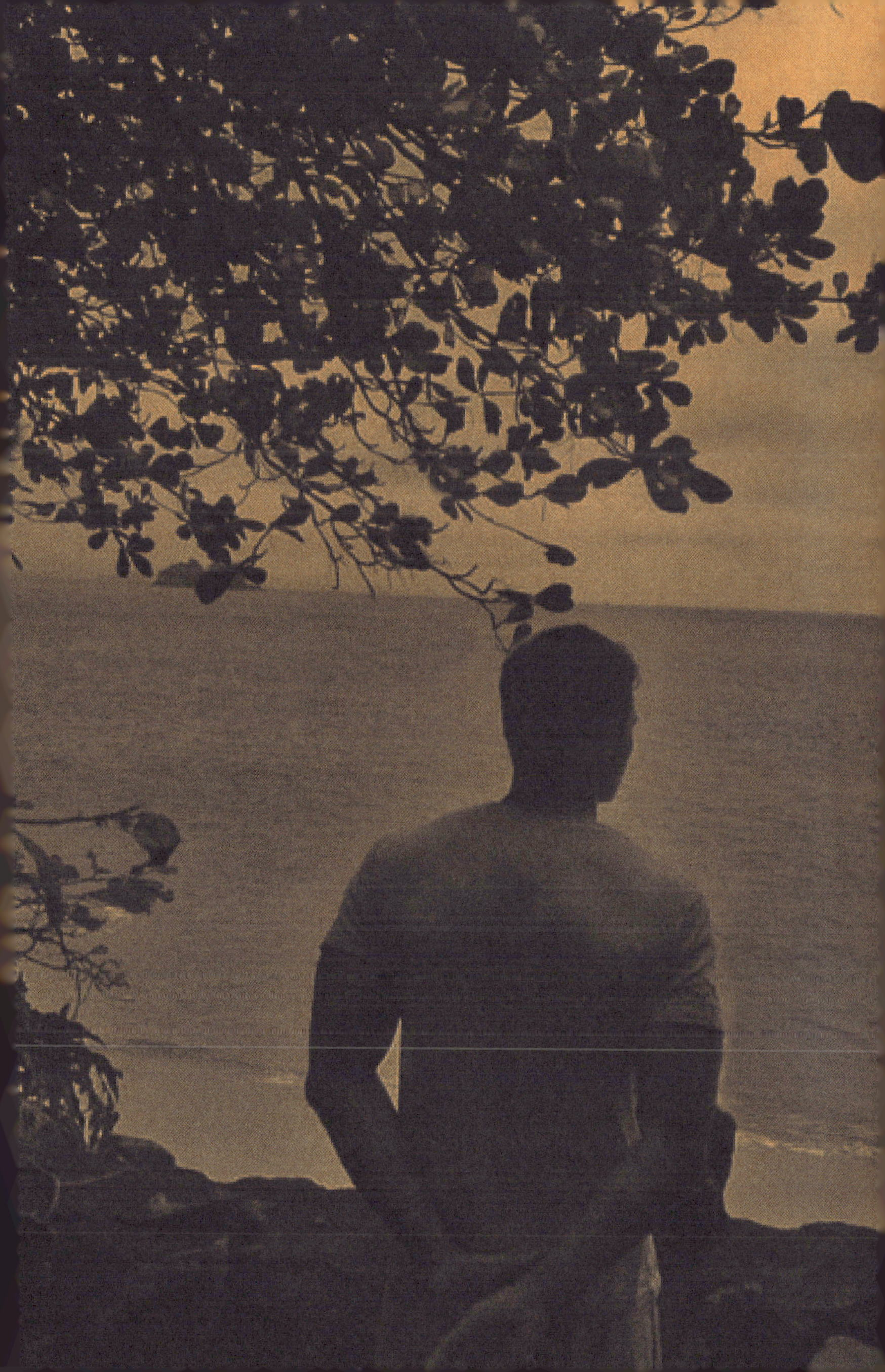

Capítulo 6
Tendên
mundo

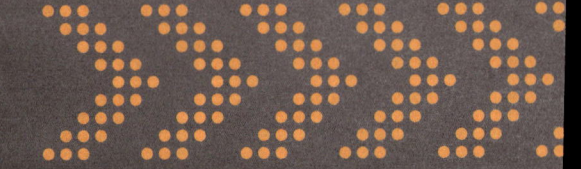

cias do
virtual

▶▶▶▶▶▶▶▶▶▶▶

"Norton, você não

>>>>>>>>>>

lescansa? Sim."

Atendência de todas as atividades do mundo off-line é uma adaptação, cedo ou tarde, para o mundo virtual. Boa parte já tinha migrado para o ambiente on-line, mas a pandemia acelerou vários processos que aconteceriam em um futuro breve.

Entre tantas mudanças de hábitos e rotinas que vimos durante 2020 e 2021, separei as principais tendências relacionadas aos exercícios que observei nos últimos meses. Quais processos foram acelerados pela Covid-19? Quais tipos de exercícios parecem estar em alta?

Aplicativos e lives: *antes, praticar exercícios era quase um sinônimo de frequentar a academia.*

Hoje, tudo está na palma da sua mão: entre aplicativos e lives, é possível fazer um treino tão bom (ou até melhor) do que em uma academia.

Treino em casa, mas equipamentos são bem-vindos: *já mencionei aqui que você não precisa de muitos acessórios (na verdade, de nada) para treinar em casa. No entanto, vejo muitas pessoas buscando comprar um ou outro equipamento ou até mesmo uma esteira.*

Treinos curtos: *deslocar-se até a academia, treinar e voltar para casa pode levar quase 2 horas. A tendência é de atividades curtas, de até quarenta minutos, em que você pode encaixar até em uma rotina bem atarefada.*

Exercícios para corpo e mente: *é cada vez mais comum vermos pessoas preocupando-se de duas maneiras: com corpo e mente. Por isso, vimos o crescimento de técnicas de meditação e uma preocupação maior com transtornos de ansiedade.*

Mais consciência: *estamos mais conscientes em relação aos nossos corpos. Isso nos afeta de algumas maneiras: primeiro, em relação às atividades que envolvem mais consciência corporal (yoga, pilates etc). Segundo, em relação ao profissional de educação física: quem é? Como pode me ajudar? Perguntas que agora buscamos respostas antes de iniciar um exercício.*

Mudança de padrão: *há alguns anos, era comum que o corpo dos sonhos de um homem fosse o famoso* **bombado**. *Em relação às mulheres, a estética desejada era o "tipo Panicat" – coxas e glúteos grandes. Vejo uma mudança nos padrões: tanto homens quanto mulheres querem corpos mais magros e atléticos.*

Saúde como pilar da sociedade: *nunca se discutiu tanto sobre saúde. A pandemia fez com que pessoas parassem, pela primeira vez desde a revolução da internet, para pensar na saúde delas como um todo. A importância além da estética, a atividade física preventiva,* *a alimentação balanceada – tudo isso esteve (e vai continuar) em alta.*

Sobre a minha rotina de treinos e o meu dia a dia

Bastante gente me pergunta sobre a minha rotina de treinos nesse contexto de pandemia. Sempre que faço uma live, também estou treinando. Então, em média, a minha rotina gira em torno de 2 a 3 práticas por dia, totalizando de 15 a 20 vezes por semana. É um número alto, sim, mas meu corpo já está acostumado após anos e mais anos de atividades físicas.

Algo que gosto muito e que nem sempre tenho como fazer é musculação – o treino com halteres. Quando sobra um tempo, tento encaixar no meu dia, pois sinto que me faz falta. Se consigo emplacar alguns e manter uma alimentação regrada, consigo ganhar massa muscular de maneira incisiva.

O motivo de evitar o ganho de muita massa é a perda de mobilidade. Já notou que, quando um jogador de futebol está com muitos músculos, a tendência é perder um pouco de mobilidade?

Enquanto você ganha em explosão, perde em alguns movimentos – principalmente aquele *gingado* característico do futebol.

Vejo isso no meu peso: se chego aos 82 kg, já noto essa perda. O meu ideal está entre 80 kg e 82 kg – e tenho 1,81 m de altura. Lembre-se de que cada corpo se comporta de uma maneira e, apesar de o peso ser um indicativo, nunca é o ideal para saber se você está saudável ou não. Há fatores como genética, percentual de gordura, hormônios etc. Consulte um médico e um nutricionista antes de estipular qualquer tipo de meta.

Norton, você não descansa? Sim, descanso! Também posso passar dias sem treinar, mas estou tão acostumado que é difícil. E, quando não estou treinando, é normal que, além de tocar instrumentos, esteja praticando outro esporte, como futebol ou futevôlei.

Como nasceu o Instagram privado

No contexto de realizarmos praticamente tudo digitalmente, o Instagram privado foi um jeito que encontrei de poder passar os meus treinos de uma maneira que sempre imaginei como ideal: tudo on-line. Atender pessoalmente faz parte da rotina de um personal, mas eu já contava com a minha consultoria on-line e, a partir do momento em que as lives no meu Instagram pessoal funcionaram, vi que era necessário ir além.

Em 2020, planejava lançar um aplicativo junto com o Gabriel Medina. Sentamos, planejamos e chegamos perto de lançar, mas enfrentei uma burocracia bem grande de players como a Apple.

As transmissões ao vivo durante a pandemia começaram em março e, assim que vi que a aceitação foi grande, já comecei a pensar na possibilidade de um lugar privado, para que pudesse fazer ainda mais treinos.

Primeiro, tentei o close friends. Mas ali, como eram stories, não havia a possibilidade de fazer lives. Colocava exercícios de 5 minutos, divididos em dezenas de stories. Longe do ideal.

Já havia tentado outros tipos de curso, utilizando plataformas como o Hotmart, mas também não enxergava como a melhor ideia naquele momento. Então, conheci uma plataforma chamada *Lastlink*, em que é possível conectar uma base de seguidores no Instagram a um sistema de pagamentos.

Decidi ir em frente e investir na criação do perfil privado. Deu um frio na barriga: e se não tivesse aderência? E se as pessoas não topassem? Eu tinha noção de que o trabalho que fazíamos nas lives tinha potencial, mas na hora do lançamento nunca se sabe o que vai acontecer.

No dia 28 de agosto, o perfil foi lançado oficialmente. Na hora de decidir os movimentos, pensei em um pedido muito feito no meu Instagram pessoal: a possibilidade de localizar alguns treinos. Sempre comentavam sobre como seria bom se pudessem fazer atividades específicas para membros superiores ou inferiores. Então, decidi o seguinte cronograma para o Instagram privado, que continua até hoje:

Cronograma das lives

Segunda:
8h (treino localizado); 20h (treino fullbody)
Terça:
8h (treino localizado); 20h (treino fullbody)

Quarta:
8h (treino localizado); 20h (treino fullbody)
Quinta:
8h (treino localizado); 20h (treino fullbody)
Sexta:
8h (treino localizado); 20h (treino fullbody)
Sábado: *off*
Domingo:
10h (treino cárdio)

Atualmente, o preço para ser membro do Instagram privado é de R$ 49,90 por mês. É menos de R$ 1,20 por dia – e mais barato do que a maior parte das academias por aí.

Vale lembrar que o Instagram não dá acesso somente às lives: é uma linha direta de comunicação comigo e eu procuro ter conversas constantes com os assinantes para tirar dúvidas e falar sobre exercícios.

Mais do que exercício, é um grupo de incentivo e que ajuda a transformar a sua motivação em convicção. Hoje temos quase 10 mil assinantes que se ajudam e formam um grupo que representa uma segunda família para mim.

O futuro do Instagram privado

Em breve, teremos novidades interessantes no **@EuTreinoComONorton**. Como sempre pensei no ambiente digital como um grande aliado do bem-estar, pretendemos colocar mais profissionais à disposição dos assinantes.

Uma das ideias é, além das lives com treinos, ter transmissões com outros tipos de profissionais. Por exemplo, toda semana um nutricionista pode tirar dúvidas e conversar sobre determinados assuntos; ou um fisioterapeuta para conversar sobre prevenção de lesões. Até mesmo uma profissional de estética para falar sobre procedimentos.

Os treinos sempre continuarão – eles são o *core* desse perfil. Mas eu quero ir além de um Instagram fitness: meu desejo é criar uma plataforma digital completa, que atenda às necessidades de bem-estar e saudabilidade de ponta a ponta, em um processo que ajude os assinantes a conquistar uma vida melhor.

O perfil não vai substituir uma consulta a um médico ou a um nutricionista, mas é essencial que o público tenha acesso a um conteúdo de qualidade com um profissional especializado. Um dos motivos de eu quase nunca falar da minha dieta é isso: não sou profissional da área e, por mais que entenda do assunto, não posso recomendar ou indicar nada para ninguém.

Redes sociais e a sua imagem perante o mundo

Já comentei aqui sobre como a comparação pode ser maléfica. Brigar com a balança (ou com o espelho) por causa de tudo o que você acessa todos os dias nas redes sociais pode ser extremamente perigoso. E mais do que isso: se a sua mudança acontece a partir da vaidade, ela não é uma transformação.

No entanto, é inevitável deixar de usar as redes sociais. No meu caso, o ano de 2020 foi importante para alavancá-las. Porém, o que mais me espantou foi como a vida real, como ser genuíno perante o resto do mundo, me trouxe bons frutos na hora de ganhar seguidores.

Pensar assim pode ser desvirtuar parte do propósito das redes sociais – que não são nada do que compartilhar apenas o melhor da vida. A tal vida editada. Portanto, fazer um recorte de um momento verdadeiro e passar uma mensagem real pode parecer estranho. É claro que não há necessidade de compartilhar tudo e, por vezes, é melhor guardar uma foto para si. Mas, quando resolver dividir um pedaço da sua vida com os seguidores, faça questão de ser genuíno.

No ano em que a pandemia teve início, as redes sociais foram, de um jeito mais acentuado, o escape de muitas pessoas – tanto na parte de entretenimento, já que (quase) todos estavam em casa, quanto na parte de autopromoção. Sem a possibilidade de eventos, a sua imagem na rede social virou você. Sem poder ver os seus amigos, conversar com eles olhando para uma tela tornou-se a interação mais real possível.

Esse período me mostrou que tudo deve ser pensado de maneira digital. Seja a promoção da sua imagem ou de um produto que você pretende vender. Foi a partir desse pensamento que pude escalar e desenvolver um produto do qual o público gosta e pagaria para ter. Sendo real. Quando o perfil privado surgiu, em agosto, eu não tinha certeza de qual seria a aceitação. Por que alguém pagaria por algo que ainda poderia ter de graça, mesmo que parcialmente? Hoje consigo responder a essa pergunta com 4 dicas.

1. Seja verdadeiro

Recapitulando a parte mais importante. Quem me conhece, sabe. Eu sou verdadeiro e sempre tentei passar isso nas lives. Essa noção de ser genuíno e de acreditar no que se faz é o que mais vende um produto. As pessoas não estão lá comigo só para treinar. Elas estão pela companhia, pelo time e pela família que formamos em alguns meses.

2. Entenda o processo inverso da venda digital

Se no mundo físico você compra algo e depois usufrui, no mercado digital é o contrário: você precisa testar algo antes de comprar, principalmente no ramo de serviços.

Tanto que é comum empresas oferecerem produtos de maneira temporária ou incompleta

– o famoso *trial* ou *freemium*. Essa é uma forma de mostrar o quão valioso o produto é para que ele depois possa ser comprado em sua totalidade e por um longo período. Qualquer tipo de produto ou serviço pode ter esse tipo de funcionalidade.

Não confunda com desvalorizar o seu produto ou serviço: é preciso desenhar uma estratégia inteligente para converter os usuários em clientes. No meu caso, a partir do momento em que os seguidores assinam o @EuTreinoComONorton, tornam-se clientes.

O que você está disposto a oferecer sem custo? Por quanto tempo? Quanto pretende cobrar depois disso? Tente responder a todas essas perguntas.

3. Mostre qual é o seu diferencial

Se você jogar "treino abdômen" no YouTube, vai encontrar alguém que disponibiliza os vídeos de graça, sem custo. Para que as pessoas paguem pelo seu produto, é necessário ter um diferencial. No meu caso, considero que o principal motivo do sucesso é a maneira que encaramos os treinos: com seriedade e parceria. Falei em outro capítulo sobre o motivo de não trazer famosos para as lives – e é exatamente sobre isso que estou falando aqui: o foco deve estar na pessoa que está em casa fazendo os exercícios em casa.

4. A comunicação é uma via de mão dupla

Há pouco tempo, uma marca era interlocutora e o cliente era receptor. A mensagem era uma só: faça isso, ouça isso, compre aquilo. Hoje, as empresas têm uma responsabilidade muito maior na comunicação: é uma troca, não uma imposição. Marcas vão continuar a se promover, mas devem ir muito além. Por isso sempre busco essa comunicação com o meu público. O feedback sobre o produto é sincero, direto e pode ser duro. No entanto, esse retorno dos usuários é um dos mais valiosos *assets* que a geração atual do empreendedorismo tem. Aproveite e desfrute de uma comunicação objetiva com quem adquire (ou quer adquirir) o seu produto.

E se der tudo certo?

Pode dar errado, sim. É claro que acreditar no seu próprio trabalho (ou na sua própria imagem) é o começo da jornada, mas entender que nem tudo está sob o seu controle é o primeiro passo para começar um negócio. Lembra de como falamos sobre ter fé e compreender que não decidimos o que irá acontecer? Podemos mitigar riscos e aumentar as chances, mas nada no mundo – e o empreendedorismo digital não fica de fora da lista – traz 100% de chance de sucesso.

As redes sociais são voláteis, e o marketing digital também. O cenário muda constantemente, e é preciso estar aberto a um aprendizado constante. Nós nunca havíamos vivido algo parecido com o que aconteceu em 2020 e ainda estamos testando o que funciona e o que não funciona.

O fato é que o digital veio para ficar. Em casa, pessoas que nunca haviam pedido comida via aplicativo na vida tiveram que se virar. Empresas que dependiam de público presencial precisaram se reinventar, por uma questão de sobrevivência. Por mais que tenha sido por um motivo tão doloroso, o aprendizado é eterno e um caminho sem volta.

E se der tudo errado?

Primeiro, qual é o conceito de dar certo? A enxurrada de números de redes sociais permite que existam dezenas de métricas e é necessário mergulhar nelas. Por exemplo: atualmente, tenho mais de 8 mil seguidores no Instagram privado. É um número alto e relevante para mim, mas pense que eu sou uma "empresa de um homem só".

O vilão pode ser, mais uma vez, a comparação. Por estar inserido há tanto tempo no mercado digital e na educação física, consigo entender bem o conceito do que são números relevantes. Ainda assim, recomendo estudar, fazer *benchmark* e saber, de ponta a ponta, como é o mercado que você procura adentrar: quais os concorrentes? Qual o custo do produto deles? O que eles têm feito de diferente?

Ao oferecer um produto escalável e que comece a rodar de maneira suave, a minha dica é: lembre-se de que pode ser uma fase. Amanhã posso começar a perder um seguidor atrás do outro e o serviço deixa de fazer sentido. Isso é importante para, primeiro, não deixar o sucesso subir à cabeça. Segundo, para sempre incrementar o seu produto, mesmo que ele esteja indo bem hoje. Tente pensar sempre à frente. E nunca pare de caminhar.

A realidade é que um dos maiores perigos para a sua felicidade pode estar no seu bolso. O smartphone e as redes sociais podem te trazer uma série de sensações de frustração, raiva, angústia e ansiedade. Mas não precisa ser assim: os exemplos que dei acima são como elas podem ser aliadas, seja para quem as usa para puro entretenimento e informação, seja para quem tem um negócio.

O mais importante é entender o poder traiçoeiro de um Instagram, Twitter ou Facebook. Use-os com inteligência, encare-os com cautela. A palavra nunca deve ser comparação e sim inspiração. Desse modo, as redes não vão atrapalhar o seu processo de transformação e podem ser úteis e rentáveis pensando em vendas – seja a venda da sua imagem ou de um produto.

LIVE DO NOR

1 AN

16 mar. 2021,
quando completei
1 ano de lives

Aproveite e desfrute de uma comunicação objetiva com quem adquire (ou quer adquirir) o seu produto.

Capítulo 7
O que
ho

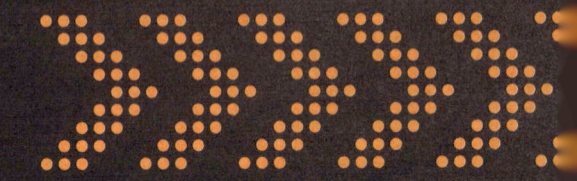

vem no
rizonte

"A palavra de 2020

oi empatia."

>>> O ano de 2020 marcou a minha vida para sempre. Marcou todos nós, na verdade. Acho que pode ser um ponto de virada para cada um. Você passou muito tempo aqui comigo, lendo a minha história, entendendo a minha jornada, meus pontos de erro e acerto, meus sonhos, minhas conquistas. Sendo assim, nada mais justo do que compartilhar com você os meus planos e desejos para o futuro – sabendo que tenho muito pouco controle sobre ele, mas que farei o meu melhor para atingir meus objetivos.

Profissionalmente, quero que suba cada vez mais a base dos meus clientes on-line: a minha ideia de transformar o Instagram privado em uma plataforma que cuida da saúde de ponta a ponta entra nesse contexto.

Dar aulas presenciais? Pretendo fazer somente para amigos próximos, como Kaká, Medina e Pugliesi. É claro que, pelo alcance dessas pessoas, eles ajudam a fazer o meu marketing girar e crescer a minha base de seguidores. Fora isso, não estou aceitando mais alunos para dar aulas presenciais.

Em relação ao Studio Kore, pretendo continuar trabalhando para que possamos ter ainda mais relevância e, em um futuro próximo, vender o Studio para um fundo de investimento ou para uma grande marca.

Sempre acreditei na transformação por meio da palavra. Por isso, também quero começar a dar palestras para falar sobre educação física para diferentes públicos.

Por último, tenho alguns projetos sociais nos quais pretendo investir um bom tempo.

Quais são os meus objetivos pessoais?

Meus objetivos pessoais se misturam aos profissionais, porque sinto que tenho um grande objetivo de vida: ajudar as pessoas por meio da atividade física. E quero usar alguns dos aprendizados que tive em 2020 para poder ir atrás dessa meta.

Nas minhas lives, conheci centenas de realidades diferentes. Das milhares de pessoas que me acompanhavam todos os dias, cada uma tinha as suas particularidades – corpos diferentes, problemas específicos... Enfim, vidas totalmente distintas.

Não me entenda mal: eu sempre soube que a atividade física ia muito além dos treinos, mas estaria mentindo se dissesse que esperava alguns dos relatos que ouvi. Não foi nada programado. Ao ler e entender o impacto que um treino diário pode ter na vida inteira de uma pessoa, fiquei surpreso.

Isso me ajudou a encarar o dia a dia de maneira diferente – e a julgar menos as pessoas. A palavra de 2020 foi empatia. Antes, quando via alguém que não treinava, podia até julgar. Hoje, não mais. Tendo acesso a tantos relatos, vejo que há um rio que passa atrás da vida da pessoa. Eu não enxergo esse rio. Não sei qual tipo de dificuldade financeira ou psicológica ela tem. Por qual batalha ela está passando. Não sei quais são as curvas mais complicadas, onde não dá pé, quando alguém poderia se afogar ou ficar com a água na altura do joelho.

Essa percepção de tantas vidas diferentes comigo, tantas pessoas dedicando-se todos os dias ao meu lado, transformou a minha visão sobre o que é julgar uma pessoa.

Já contei alguns relatos de pessoas nas lives, mas me surpreendi com a quantidade de gente que, por exemplo, havia acabado de sair de um tratamento de câncer e estava treinando. Lembro-me do caso de uma menina que, durante os nove meses de live, acompanhou a mãe no hospital, que estava internada com câncer. Ela treinava em um quarto de hospital e a mãe ficava assistindo.

São realidades nas quais eu nunca havia pensado. Todos nós temos dificuldades e histórias de vida – e muitas vezes ninguém sabe o que estamos passando. Sempre incentivo as pessoas fazerem os treinos, para que elas possam criar a convicção por elas mesmas e seguir esse caminho cada vez mais sozinhas. Mas a empatia sempre precisa falar mais alto: se a cabeça da pessoa não está boa, se ela está com problemas e tem dificuldade para iniciar o treino, não devemos julgar.

Entre tantas coisas que aconteceram desde janeiro de 2020, espero que possamos ser pessoas melhores. Essas diferentes realidades também aparecem como cada um encarou a pandemia. Há quem perdeu o emprego. Agora, mais do que nunca, é essencial ter em mente e ser complacente com a luta diária que o outro está travando: pode ser contra um problema de família, finanças, de saúde... A frase "colocar-se no lugar do outro" precisa deixar de ser apenas um clichê para se tornar uma realidade – que não chega fácil. Empatia é quase como treinar: você precisa criar uma rotina e buscá-la diariamente.

Deixando a atividade física mais altruísta

Depois de entrar em contato com tantas histórias, vi que, para muitos, a atividade física pode ser encarada como egoísta. É algo que você faz e o único beneficiário é você mesmo. Mas a atividade física pode ser muito mais do que isso.

Por isso, para deixar o exercício mais altruísta, tenho um projeto de criar um aplicativo ou uma plataforma. A ideia seria que, enquanto você treina, possa ajudar alguém que passa por algum tipo de necessidade. Grandes empresas como Google e Itaú contam com uma série de projetos sociais. O meu desejo é que essas companhias possam participar da plataforma e lancem desafios para as pessoas.

Por exemplo, uma empresa pode dizer que, se você correr 30 quilômetros neste mês, 10 mil reais serão liberados para uma instituição que se dedica a ajudar crianças com câncer. Tanto a pessoa que já pratica esportes quanto a que ainda busca começar uma atividade serão incentivadas a se movimentar para fazer uma boa ação.

Sinto que tem muita gente que fala: musculação é ingrata. Fiquei nove meses treinando e, em duas semanas de festas, já engordei de novo. A atividade física focada na estética pode ser mesmo ingrata. Em uma plataforma como essa, sinto que cada dia de treino vai valer o dobro. O seu suor nunca será derramado em vão.

Um ano tão conturbado e difícil mostrou que devemos aproveitar cada oportunidade. Não só aproveitar a oportunidade de trabalho, mas ir além disso: se você tem uma hora livre para brincar com o seu filho, brinque. Se tem uma hora para fazer um jantar com o seu parceiro, aproveite. Não empurre as oportunidades para frente. Se você tem tempo e pode fazer algo bom, faça.

Em 2020, muitas pessoas que se amam não puderam se ver. E muitas não se viram até hoje. Esse ano mostrou como nós somos importantes uns para os outros. O distanciamento social trouxe essa sensação de isolamento e de solidão. Aproveitar mais as relações humanas, o olho no olho, é uma lição que ficou de 2020 para o resto das nossas vidas.

E tem outra: se eu sou um cara que pretende ter uma vida profissional digital totalmente on-line, o mesmo não posso dizer da minha vida pessoal e social. Depois da pandemia, precisamos pensar em, sempre que possível, estar juntos. Juntos de verdade, não via WhatsApp, Zoom ou qualquer outra plataforma. Deixe que o legado digital do distanciamento fique somente no âmbito profissional.

Quando chegar a sexta-feira, chame os seus amigos para ir à sua casa. Não fique só conversando via WhatsApp. Eu tenho um exemplo muito bom na minha família: meu pai. Meus pais moram no mesmo prédio que eu, e, quando eu termino a minha live às 21h, janto, tomo um banho e passo na casa deles para dar boa noite. Sei que é só um "boa noite", mas é de suma importância para o meu pai.

Saúde é muito mais do que o corpo

Em 2020, também vivemos uma consolidação do culto à saúde mental. Se o cenário já não era o mesmo de uma década atrás, em que pessoas desdenhavam de transtornos como ansiedade e depressão, agora o panorama é outro: a saúde mental é um dos temas mais debatidos – mais até do que a física.

Durante a pandemia, encaramos uma época difícil em todos os âmbitos: finanças, incertezas, solidão... O fato de não sabermos quando vai acabar – porque ainda não acabou – aumenta as chances de termos problemas mentais.

Acho que os últimos anos ajudaram a ressignificar o que é ter saúde. O movimento agora é 360º e discutimos tudo o que envolve a saudabilidade: terapia, esporte, alimentação, estresse, trabalho... Tudo tem a ver com saúde. Correr no parque uma vez por semana ou até mesmo treinar todos os dias já não é mais sinônimo de ter uma vida saudável.

O futuro da educação física

Aos poucos, vamos entendendo esse novo cenário. Quem ainda parece ter dificuldade em compreender que a saúde vai além de pesos e whey protein são os profissionais de saúde. O futuro da profissão passa por isso.

Esse é um dos assuntos sobre os quais quero falar em minha palestra: quero lutar na minha área para uma maior compreensão da importância do personal trainer. Quero dizer: lembre-se, você é um educador, antes de tudo. A atividade física é um caminho para ajudar a ter saúde. Mas é mais do que isso.

Minha sugestão para quem trabalha nessa área é começar a filtrar o que lemos todos os dias. Mais do que isso, a dica é inserir-se nesse processo de transformação de saudabilidade e entender que o profissional é peça-chave atualmente – e não porque ele monta um treino legal e te ajuda a conseguir massa magra.

Quando eu, personal trainer, dou tanta ênfase em um corpo com músculos, uma alimentação hipercalórica ou uma dieta maluca, não estou promovendo saúde – e muitas vezes acabo tendo o efeito contrário. Primeiro, entenda os seus limites: deixe a nutrição para os nutricionistas. Segundo, entenda que o seu papel deve ir muito além daquela horinha de treino.

Esse tipo de entendimento pode ajudar a profissão a se recuperar do baque da pandemia. Antes de tudo, é válido lembrar que não é um cenário fácil para quem trabalha com a educação física. Cerca de 58% de quem trabalha na indústria perdeu parte ou toda a renda, segundo esse estudo da Personal Trainer Data Survey.

A solução para os profissionais da educação física passa, primeiro, pela adaptação ao trabalho on-line, mesmo ao fim da pandemia. Parece que isso já está na cabeça: segundo a mesma pesquisa, 83% dos profissionais pretendem continuar trabalhando on-line depois da quarentena.

No entanto, para mim, o mais importante para a sobrevivência do educador físico a partir de agora não é o trabalho digital, e sim a compreensão de que a noção de saúde do público geral mudou. E, hoje, essa noção realmente tem mais a ver com saúde do que antes. É o propósito, a definição de dicionário do que é ser saudável.

A maior dificuldade para a transformação na área passa pelas grandes redes de academia. É um mercado extremamente engessado. Hoje, você encontra todo tipo de academia. Na maioria das vezes, das mais baratas às de luxo, é um espaço com dezenas de aparelhos e halteres. Muitas delas nem ligam se você vai ou não, desde que esteja pagando.

A pessoa pensa: vou ter uma academia, o que preciso fazer? Comprar equipamentos e espalhá-los... A academia precisa ser pensada como um grande centro de saúde. O fato de não existir muitos lugares assim no Brasil significa que há uma grande lacuna a ser preenchida – uma oportunidade para quem quer investir nesse mercado.

Nos Estados Unidos, por exemplo, já existe um pensamento da academia indo além de halteres e equipamentos: por lá, existem centros em que é possível fazer musculação, jogar basquete em uma quadra, praticar ioga e até mesmo deixar as crianças numa área de playground.

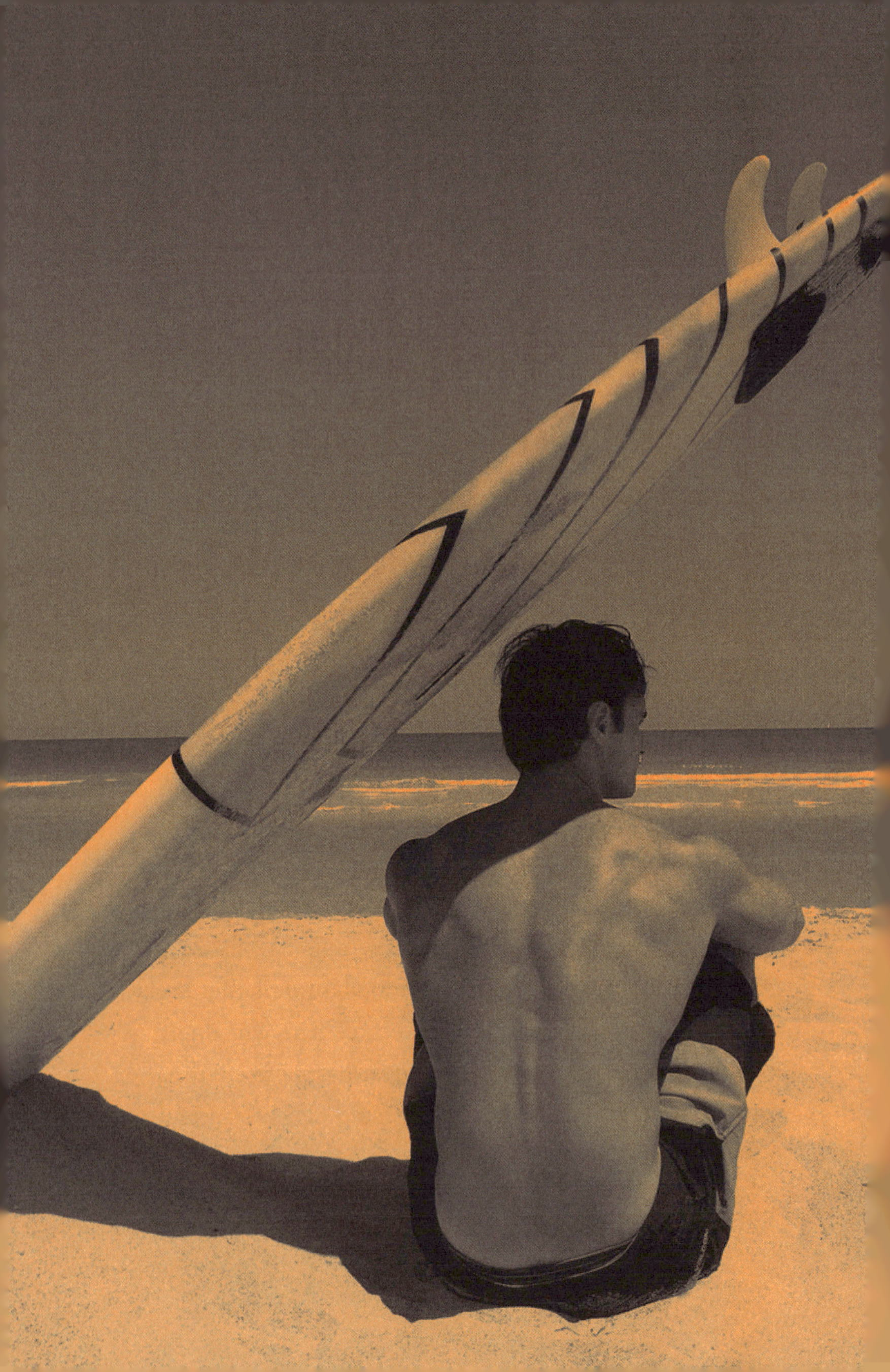

Como envolve um negócio lucrativo – embora prejudicado na pandemia –, é difícil esperar que a mudança comece no topo da cadeia aqui no Brasil, mas as pessoas já estão compreendendo o que é ter saúde no século 21. O próximo passo são os profissionais de educação física para, somente então, impactar as academias e completar o processo de transformação do ecossistema.

A notícia boa é que a mudança começa em você. Neste livro, falamos várias vezes sobre como a atividade física é um meio.

Tendo isso em mente, o caminho a ser trilhado para uma vida saudável pode ser mais longo, mas será mais saboroso.

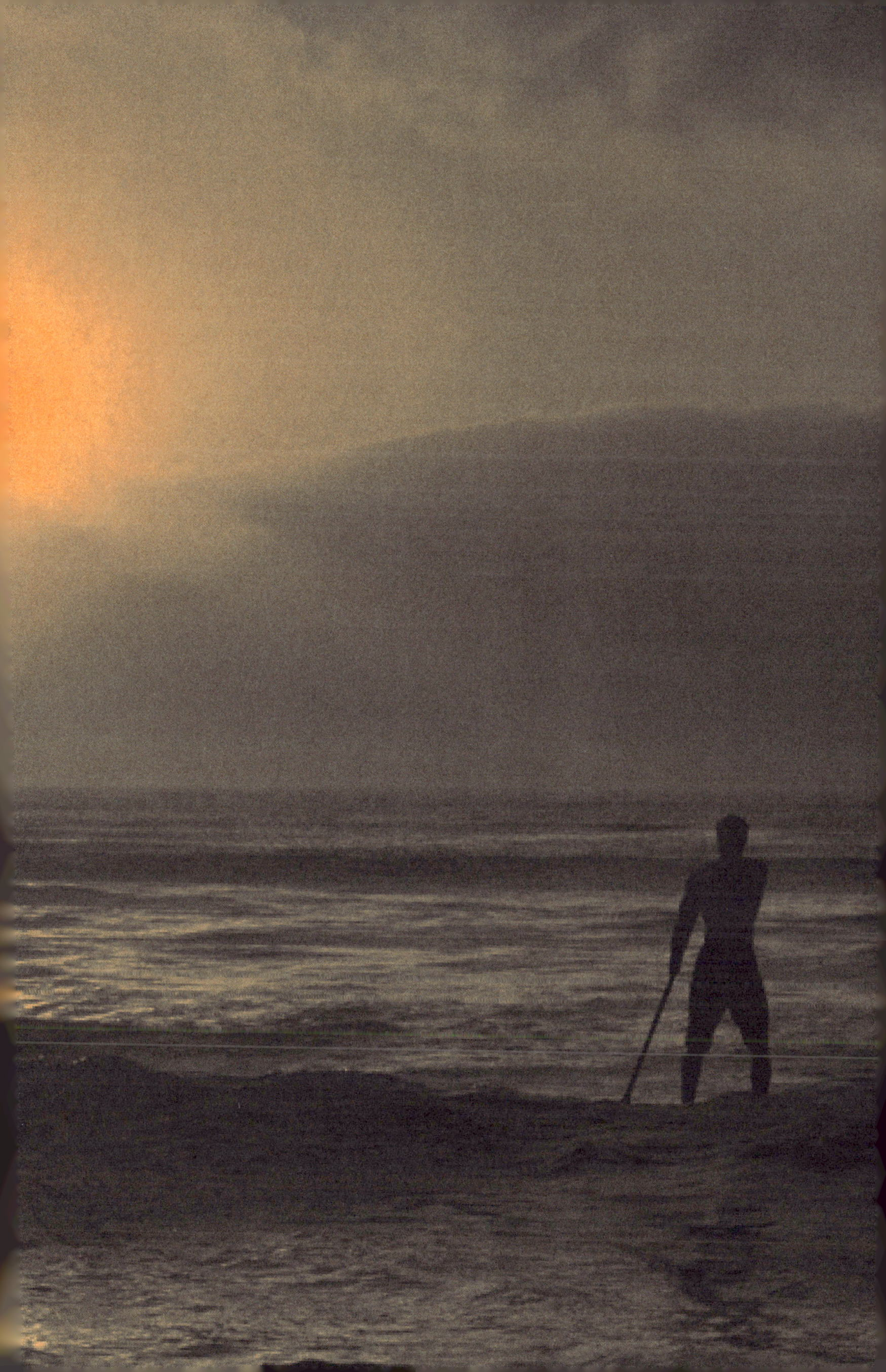

Mensag

>>>>

em final

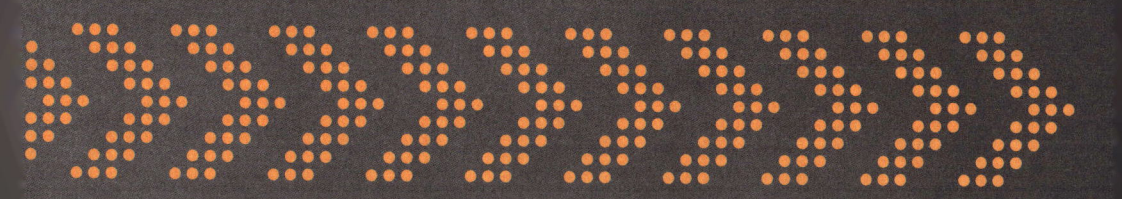

"O que cabe hoje

>>>>>>>>>>>

a sua rotina?"

Esqueça o conceito que você tinha de saúde. Saúde não é treinar todos os dias.

Pense em um tripé: existe a saúde do corpo, da mente e do espírito. Você pode ter a saúde do corpo – o *shape* dos sonhos –, mas, se não viver uma vida saudável nos outros dois pilares, você cai. Equilibrados, esses três pontos são fundamentais para o ser humano. Na hora de um problema, de uma emergência ou de algo inesperado, a saúde física não vai te salvar – a mental e a espiritual sim.

Pensar assim é o início de uma mudança que precisa começar dentro de nós. Ainda vemos muito a associação de saúde a estética: ter um corpo magro ou musculoso não significa muita coisa para a saúde.

Eu falo bastante para quem trabalha na área de educação física: se o seu único foco é deixar o aluno trincado, forte, magro ou algo assim, quando ele atingir o objetivo, há grandes chances de ele te abandonar. E com razão, já que, se o seu único foco for esse, não existe necessidade de continuar dando aulas.

Aliás, hoje a área de *personal* concorre com procedimentos estéticos. Há tanta tecnologia e tratamentos que é possível ter resultados no corpo com pouco ou nenhum esforço – e a tendência é que surjam cada vez mais e a profissão precisa evoluir, como disse no último capítulo.

"Ah, mas, Norton, você tem um corpo padrão, é fácil falar."

Já ouvi bastante sobre pensar na saúde de maneira mais ampla. E, aqui, voltamos aos hábitos: eu faço atividade física desde criança. É claro que todos nós temos vaidades: queremos ajustar isso ou aquilo no corpo – e tudo bem. A questão no meu caso é que ter um corpo tido como padrão é consequência de uma vida inteira de treinos e de uma alimentação balanceada. Alimentação – e não dieta.

O primeiro passo para conseguir uma vida saudável é entender que o corpo e a estética devem ser pensados como uma consequência natural, e não como um objetivo. É possível evoluir fisicamente, seja perdendo gordura ou ganhando massa muscular, mas, quando você menos esperar, vai estar dormindo melhor. Vai se achar mais disposto e mais feliz. Sentir-se menos irritado. Porque é isso que a atividade física pode fazer: contribuir para vários aspectos da sua vida.

Eu nunca treinei, sou sedentário... Como transformar a minha vida?

Aos poucos. Confio mais em quem pensa em transformar a vida pela atividade física consciente dos desafios. Ou seja: não dar um passo maior do que a perna. O que cabe hoje na sua rotina? Você toma quanto de água durante o dia? Nada? Então vamos começar com dois copos. Depois três. E assim por diante. Até que, em certo ponto, o seu corpo vai sentir falta da água.

O processo da atividade física é assim. Então, se não existe o hábito da atividade física, não quero que façam uma hora de exercícios comigo. Comece com 10 minutos. Veja como se sente. Vá com calma.

Desse modo, você pode transformar o sacrifício em hábito. Pensa em como você escova os dentes todos os dias. Qual foi a vez determinante para uma boa higiene bucal? Ou qual foi a vez em que determinou que o seu hábito estava consolidado? Isso não existe, porque é tudo uma soma. Os 10 minutos de exercício no primeiro dia fazem parte de um processo longo e, sem eles, o hábito não existe.

Atividade física deve ser pensada da mesma maneira: qual foi o treino que te emagreceu? Em qual dia você ficou com o condicionamento físico melhor? Não foi um treino, foi o hábito de treinar todos os dias. Os pequenos hábitos se somam e, ao final, aparece uma transformação gigante.

Se você nunca pisou em uma academia, nunca correu ou até era aquela pessoa da turma que odiava educação física: você pode modificar a sua vida. Muitos olham para a vida saudável como se fosse uma montanha. Quem olha de baixo, vê o cume muito longe e pode pensar em desistir.

No entanto, a perspectiva deve ser outra: não olhe para o cume da montanha. Fixe os olhos na primeira subida. Pequena. Factível. Suba e olhe para a próxima. E assim por diante. Quando menos perceber, estará no cume, vai olhar para trás e ver tudo o que conquistou.

Acredite no seu poder de transformação

Ao final deste livro, quero deixar uma mensagem: nós somos os donos do poder de transformação da nossa vida. Tudo é interno e não externo. Se for para esperar que o meio externo se transforme para se sentir motivado, espere sentado. A partir do momento que a mudança interna começar, as chances de ter uma vida mais saudável aumentam.

Por exemplo: eu adoro receber mensagens sobre como ajudei a mudar a vida das pessoas. Só que sempre respondo: parabéns para você, não para mim. Se participou dos meus treinou todos os dias, esteve comigo por uma hora diária no máximo. E as outras 23 horas? Eu só faço parte de uma parcela pequena do dia.

Sempre digo que posso ser o responsável por dar um empurrãozinho, por apertar o botão de start, mas a pessoa que mudou a sua vida foi você. Não quero que ninguém seja dependente "do Norton" para praticar a atividade. Aliás, não podemos depender de ninguém.

Treinar não é difícil, não. O difícil é ir além daqueles quarenta minutos. O que você vai fazer durante as outras 23 horas? O campo de batalha é todo o resto da sua vida. Como está dormindo? Como está a sua cabeça? Está estressado? E a alimentação?

Eu falo para muita gente que frequenta a igreja, pois é um paralelo bem interessante. Da mesma maneira que não é difícil treinar, é fácil ser uma boa pessoa dentro da igreja, em um culto no domingo. E o resto da semana? E quando alguém te fechar no trânsito e te xingar?

Ser saudável na academia é fácil. Agora, durante a semana, vão surgir várias oportunidades: beber, drogar-se, comer besteira... Isso acontece. Como será a sua reação se busca um estilo de vida saudável?

O que posso tomar para emagrecer?

A resposta para a frase que abre este livro pode indicar qual caminho você irá trilhar rumo à saudabilidade. Se você chegou até aqui, entendeu que essa pergunta não tem resposta. Ou não deveria ter.

Essa pergunta traz algumas implicações consigo. Quem pensa assim já indica que, primeiro, quer praticar atividade física somente com o objetivo de emagrecer. Segundo, quer de maneira rápida, instantânea, um projeto de um mês.

Nas páginas que você leu, contei a minha história e compartilhei parte do meu conhecimento. E tudo o que aprendi até hoje, dos meus dias no futebol, na base do São Paulo, às lives de 2020, mostra que não existem atalhos. Dietas podem funcionar? Sim, mas o aprendizado não vai existir. E a tendência é que tudo volte a ser como era antes.

Para uma verdadeira transformação, não faça dieta, crie hábitos. Não seja megalomaníaco, tenha os pés no chão. Somente a disciplina (24 horas por dia), aliada à paciência, irá te transformar e transformar a sua vida.

Para uma verdadeira transformação, aproveite o trabalho remoto. Faça atividade em casa, acompanhe as lives, não deixe que a ausência da academia te prive de uma vida mais saudável.

Para uma verdadeira transformação, aproveite as oportunidades que aparecerem. Se existe um momento para ser apreciado em família, agarre a chance. Não deixe para depois.

Para uma verdadeira transformação, acredite em você, mas tenha fé em Deus. Não precisa ter a ver com religião, mas tenha um relacionamento com Deus, pois nada foge do controle das mãos Dele.

Para uma verdadeira transformação, mantenha a sua cabeça saudável. Dê risada. Quando possível, aproveite o contato físico. Tenha hobbies e não deixe de incluir algo que te faz feliz de maneira leve todos os dias.

Para uma verdadeira transformação, nunca se esqueça: você é importante.

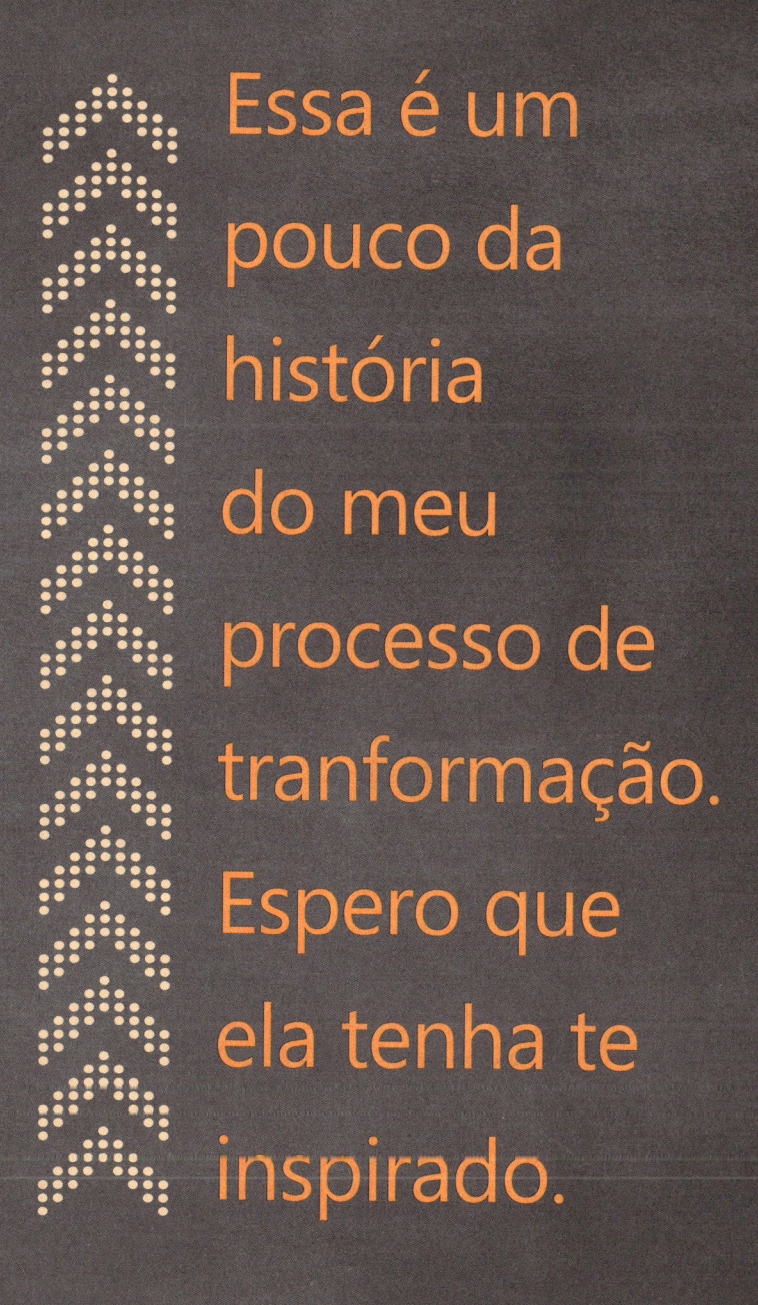

Essa é um pouco da história do meu processo de tranformação. Espero que ela tenha te inspirado.

Compartilhando propósitos e conectando pessoas
Visite nosso site e fique por dentro dos nossos lançamentos:
www.gruponovoseculo.com.br

ns

facebook/novoseculoeditora
@novoseculoeditora
@NovoSeculo
novo século editora

gruponovoseculo
.com.br

Edição: 1
Fonte: Calluna